丛书主编 孙关龙 乔清举

董仲舒的生态思想

范 慧 著

ZHONGGUO CHUANTONG SHENGTAI WENHUA CONGSHU

『中国传统生态文化丛书』第一辑

深圳报业集团出版社

出 品 人：龙建涛
责任编辑：彭春红
责任校对：何杏蔚　王　鹏
封面插图：陈　新
封面设计：陈　新
版式设计：友间文化

图书在版编目（CIP）数据

董仲舒的生态思想 / 范慧著. --深圳 ：深圳报业集团出版社，2024.5
（中国传统生态文化丛书）
ISBN 978-7-80774-038-4

Ⅰ. ①董… Ⅱ. ①范… Ⅲ. ①董仲舒（前179-前104）—生态学—哲学思想—研究　Ⅳ. ①B234.55

中国国家版本馆CIP数据核字（2023）第221537号

董仲舒的生态思想
DONGZHONGSHU DE SHENGTAI SIXIANG
范慧　著

深圳报业集团出版社出版发行
（518034　深圳市福田区商报路2号）
中华商务联合印刷（广东）有限公司印制　新华书店经销
2024年5月第1版　2024年5月第1次印刷
开本：889mm × 1194mm　1/32
字数：120千字　印张：7.25
ISBN 978-7-80774-038-4　定价：36.00元

『中国传统生态文化丛书』第一辑

编委会名单

祝賀中國傳统生態文化叢書出版！

努力继承弘揚中國傳统生態文化的理念和踐行！

癸卯夏

樓宇烈

总序

经过九年多的努力，国内外第一套中华传统生态文化研究丛书终于问世了。

近三百年来，工业文明造就了巨大的物质财富，极大地推动了人类社会的发展，但同时也引发了全球性的物种灭绝加速、资源全面短缺、环境严重恶化三大生态危机，严重危害着人类的生存、社会的发展，作为后发工业化国家的中国也深受其害。事实教训我们，西方工业文明的老路是行不通的，必须走新路。

习近平总书记指出：“生态兴则文明兴，生态衰则文明衰。”曾经辉煌的古埃及文明、古巴比伦文明因生态环境恶化，尤其是土地荒漠化而败落、中断。中国由于自古强调尊重自然，拥有“天人合一”“道法自然”等一系列人与自然和谐的思想；拥有至少三千年的生态环境保护制度——虞衡制度；拥有传统生态农业、生态建筑、生态水利、生态医学等一系列生态科学技术；拥有山水诗、田园诗等传统生态文学，山水画、花鸟画等传统生态美术，以及生态性传统哲学理念、传统思维方式等，保证了中华传统文化的连绵不断，历久弥新，虽屡经王朝更迭，而未曾中断。生态文明之路，是中国五千年历史实践和经验指明的道路，是中华民族伟大复兴的道路，是中国式现代化的道路。

然而，广博深邃的五千年中华传统生态智慧却长期未能得到应有重视。近二三十年来，情况发生了根本改观，研究中华传统生态文化的论文、著作不断涌现。不过，令人遗憾的是，国内外至今仍缺乏一套对中华生态智慧展开全面、系统、深入研究的系列著作。有鉴于此，2014年，我们在编撰“自然国学丛书”的过程中萌发了编撰“中国传统生态文化丛书”的想法。经过多年的酝酿、讨论和作者们的辛苦撰写，目前这套丛书面世了。

这是目前中国和世界第一套全面、系统、深入地挖掘和阐明中华传统生态智慧的学术性研究丛书。在学术上，它追求原创性、开拓性和前沿性；在实践上，它力求为我国和世界生态文明建设提供大量可借鉴的理论、知识和技术；在文字上要求精炼，篇幅上要求浓缩，力求易读易懂，具有普及性。

这套丛书包括三个系列：一是通论系列，研究中华传统文化及其各个方面的生态理念，包括《中国传统文化本质上是生态文化》《中国传统生态农业》《儒家生态观》《道家生态观》等；二是诸子系列，研究历史上各个方面代表人物的生态学说和主张，包括《孔子生态观》《苏轼生态观》《徐霞客生态观》等；三是经书系列，研究各种经典古籍中的生态知识和思想，包括《〈周易〉的生态知识和思想》《〈国语〉的生态知识和思想》等。各系列充分展现中华传统生态文化的广度、深度和系统性。

本丛书可供国内外中华传统文化的研究者、爱好者，大专院校的师生，各级政府部门公务人员，各类环保工作人员以及企事业单位管理人员等阅读；亦可供政府部门在全社会普及生态文明理念，进行生态文明建设，推进生态文明实践之用。

作者简介

范慧，中国美术学院马克思主义学院讲师，中国哲学博士。参与2014年度国家社科基金重大项目“中国生态哲学思想史研究”，参与2017年国家社科基金艺术学重大项目“中国传统工艺的当代价值研究”。长期从事中国古代哲学与儒家生态哲学的研究工作。

内容简介

本书旨在向广大读者完整地展示我国汉代著名思想家、哲学家董仲舒的生态思想。全书从生态关系论、生态运行机制、生态德性论、生态实践论与具有生态意义的灾异观五个方面详细阐释董仲舒的生态思想。董仲舒以“天人合一”的生态关系论为统摄，以“阴阳运行”“五行生变”的运行机制，“泛爱群生”的生态德性论，“顺时而为”的生态实践论及以“天执其道为万物主”的灾异观为内容，全面构建了他的生态思想体系。董仲舒的生态思想究其源头，滥觞于古代的自然崇拜、古时盛行的礼乐文化以及先秦诸子思想，将为今天我们思考人与自然的关系、解决生态危机提供价值与观念上的资源。

前言

二十世纪中叶以来，生态危机已经成为全球性的问题。人类的乱砍滥伐、过度开垦，导致森林遭到大面积的破坏，水土流失严重；石油泄漏，工业废水肆意排放，导致水体受到严重污染；工业废气、汽车尾气的大量排放，造成空气污染……人类以破坏环境为代价来换取经济效益的生存模式，使生态危机越来越严重。恩格斯曾说过：“我们不要过分陶醉于我们对自然界的胜利。对于每一次这样的胜利，自然界都报复了我们。”[①]如今，极端天气频发、物种灭绝加速、自然资源短缺、环境污染等生态问题已经严重威胁人类的生存与发展。如果人类不解决生态危机，那么因生

① 马克思、恩格斯：《马克思恩格斯选集》第三卷，北京：人民出版社，1995年，第517页。

态恶化而导致人类毁灭之期将不再遥远。

人类是生态危机的制造者，也只有人类能够解决生态危机。生态问题绝不只是环境保护的问题，更重要的内涵是人类世界观的问题，也涉及人类生存方式的问题。所以，解决生态问题需要价值与观念资源的支持。寻求解决生态危机的价值与观念资源，实际上就是对生态危机的哲学反思，而这些反思引发了人们对于中国传统文化中生态思想的探索与思考。儒家思想作为中国传统文化的重要组成部分，蕴含着丰富的解决生态危机的价值与观念资源。这是因为“儒家哲学在本质上是生态的。它从未把人和自然分割开来……”[①]。因此，许多学者纷纷将眼光转向能作为中国传统文化主干之一的儒家思想，希望从中寻找到解决现实问题的启示，儒家生态思想受到越来越多的关注。对孔子、孟子、荀子、董仲舒、“二程”、朱子、王阳明等儒家代表人物和《礼记·月令》《易传》《中庸》等儒家典籍的生态哲学思想的研究日益增加。董仲舒作为儒家重要代表人物之一，他的思想蕴含着大量的生态思想。关于董仲舒生态思想系统研

---

① 乔清举：《儒家生态思想通论》，北京：北京大学出版社，2013年，第7页。

究的书籍目前尚无，所以对董仲舒生态思想的研究可以填补现有的儒家生态思想研究的空白，为我们解决生态危机提供价值与观念资源，也可以开辟一条突破传统研究方式的道路，从全新的角度对董仲舒思想进行分析与阐释。

笔者参与了由乔清举教授主持的2014年度国家社科基金重大项目“中国生态哲学思想史研究”，承担了早期“春秋公羊学”生态思想的研究工作。作为早期春秋公羊学最重要代表人物之一，董仲舒的生态思想一直是笔者研究方向的重要内容，笔者对于董仲舒的生态思想有了较为系统、深入的理解，这些是本书成书的基础，也是2014年度国家社科基金重大项目“中国生态哲学思想史研究”的阶段性成果之一。

此外，本书也是中国美术学院院级课题“董仲舒的生态思想”的研究成果。本书力图真实、完整地展现董仲舒的生态思想。然从古至今，关于董仲舒思想的研究资料浩如烟海，囿于笔者的学识与水平，写作中难免有所错误与遗漏，恳请广大读者斧正。

目录

第一章

董仲舒生态思想概述

董仲舒有独特的生态思想，与生态哲学有着密切的联系。本章将从学理的角度梳理董仲舒思想和生态哲学的联系，以期为深入研究董仲舒的生态思想做铺垫。

董仲舒的思想蕴含着丰富的生态思想。在其著作《春秋繁露》中，他形成了自己独特的生态思想体系。在系统探究董仲舒的生态思想之前，我们先来了解一下董仲舒本人及其著作《春秋繁露》。

一、董仲舒与《春秋繁露》

董仲舒（前179年—前104年），西汉广川（今河北省枣强县）人，著名经学家、思想家、哲学家。董仲舒在汉景帝时期为博士，学问精进，学生众多，政事上颇有建树。《汉书》记载：

少治《春秋》，孝景时为博士。下帷讲诵，弟子传以久次相授业，或莫见其面。盖三年不窥园，其精如此。进退容止，非礼不行，学士皆师尊之。[①]

……

① ［汉］班固：《汉书》卷五十六，北京：中华书局，1962年，第2495页。

仲舒在家，朝廷如有大议，使使者及廷尉张汤就其家而问之，其对皆有明法。自武帝初立，魏其、武安侯为相而隆儒矣。及仲舒对册，推明孔氏，抑黜百家。立学校之官，州郡举茂材孝廉，皆自仲舒发之。年老，以寿终于家，家徙茂陵，子及孙皆以学至大官。①

……

刘向称："董仲舒有王佐之材，虽伊、吕亡以加，管、晏之属，伯者之佐，殆不及也。"至向子歆以为："伊吕乃圣人之耦，王者不得则不兴。故颜渊死，孔子曰：'噫！天丧余。'唯此一人为能当之，自宰我、子赣、子游、子夏不与焉。仲舒遭汉承秦灭学之后，《六经》离析，下帷发愤，潜心大业，令后学者有所统壹，为群儒首，然考其师友渊源所渐，犹未及乎游、夏，而曰管、晏弗及，伊、吕不加，过矣。"至向曾孙龚，笃论君子也，以歆之言为然。②

董仲舒作为一位政治上有建树的思想家，在进行

① ［汉］班固：《汉书》卷五十六，北京：中华书局，1962年，第2525页。

② ［汉］班固：《汉书》卷五十六，北京：中华书局，1962年，第2526页。

政治活动的时候，很多方法与其哲学思想紧密相连。《汉书》中记载了董仲舒“以《春秋》灾异之变推阴阳所以错行”来治国的事情：

仲舒治国，以《春秋》灾异之变推阴阳所以错行，故求雨，闭诸阳，纵诸阴，其止雨反是；行之一国，未尝不得所欲。中废为中大夫。先是辽东高庙、长陵高园殿灾，仲舒居家推说其意，草稿未上，主父偃候仲舒，私见，嫉之，窃其书而奏焉。上召视诸儒，仲舒弟子吕步舒不知其师书，以为大愚。于是下仲舒吏，当死，诏赦之，仲舒遂不敢复言灾异。①

董仲舒著述颇多，据说有123篇，但多散佚。“仲舒所著，皆明经术之意，及上疏条教，凡百二十三篇。而说《春秋》事得失，《闻举》《玉杯》《蕃露》《清明》《竹林》之属，复数十篇，十余万言，皆传于后世。掇其切当世施朝廷者著于

① ［汉］班固：《汉书》卷五十六，北京：中华书局，1962年，第2524页。

篇。”[①]后人“杂采董书，缀辑成卷”，编为《春秋繁露》。[②]

《春秋繁露》是董仲舒的主要著作。《春秋繁露》的书名出自何处，说法不一。苏舆在《春秋繁露义证》中梳理了对“春秋繁露”一名的各种解释：

《周礼·大司乐》贾疏云：“前汉董仲舒作《春秋繁露》。繁，多；露，润。为《春秋》作义，润益处多。”南宋《馆阁书目》云：“《逸周书·王会解》‘天子南面立，絻无繁露’，注云‘繁露，冕之所垂也，有联贯之象’。《春秋》属辞比事，仲舒立名，或取诸此。”《史记索隐》及王应麟《汉艺文志考》说同。程大昌《书秘书省繁露后》云：“牛亨问崔豹：‘冕旒以繁露者何？’答曰：‘缀玉而下垂，如繁露也。’则繁露者，古冕之旒，似露而垂，是其所从假以名书也。以杜乐所引，推想其书，皆句用一物，以发己意，有垂旒凝露之象焉。”[③]

① ［汉］班固：《汉书》卷五十六，北京：中华书局，1962年，第2525—2526页。

② ［清］苏舆：《春秋繁露义证》，钟哲点校，北京：中华书局，1992年，第1页。

③ ［清］苏舆：《春秋繁露义证》，钟哲点校，北京：中华书局，1992年，第1页。

据此可知，关于《春秋繁露》书名的解释主要有两种，一种是认为分别取繁、露为多、润之意，寓意为《春秋》作义，润益极多。另一种则是认为“繁露”是古冕之旒。此说又分两种，一种是认为古冕之旒是连贯之象，而《春秋》连缀文辞，排比事实，记载历史，也有连贯之象，董仲舒由此而取名。另一种则认为古冕之旒好似露珠凝垂，而此书中皆用一物来抒发己意，有垂旒凝露之象。

苏舆认为这些对《春秋繁露》书名的推断基本都是附会。《春秋繁露义证·例言》中记载：

《汉·艺文志》载“董仲舒百二十三篇”，“《公羊董仲舒治狱》十六篇”。《后汉书·应劭传》：仲舒“作《春秋决狱》二百三十二事”，当即《志》之十六篇，而无《春秋繁露》名。《汉书》本传载，仲舒说《春秋》得失，《闻举》《玉杯》《蕃露》《清明》之属复数十篇。是《蕃露》止一篇名，当在百二十三篇中。此书（《春秋繁露》）《隋志》《唐志》始录，唐宋类书时见征引。[1]

---

① ［清］苏舆：《春秋繁露义证》，钟哲点校，北京：中华书局，1992年，第1页。

……

然百二十三篇者已佚，疑是后人杂采董书，缀辑成卷，以篇名总全书耳。[①]

董仲舒著述繁多，文献记载中并没有《春秋繁露》之名，但是《汉书》中，董仲舒曾言及《蕃露》，而《蕃露》只是董仲舒多篇著作中的一篇之名。董仲舒很多著述已经佚失，《春秋繁露》之名极有可能是后人在杂采董仲舒的著作时，缀辑成卷，用篇名来总括全书。侯外庐先生则认为，“‘繁露’一词，正是董仲舒著述动机的奥秘所在”。他认为孔晁所注的“繁露，冕之所垂也”最合乎董仲舒的原意，而《春秋繁露》是董仲舒在窥见圣意之后，对春秋时期的史事、经验，“比例推衍成适合于最高皇权的神秘原理”[②]。

二、董仲舒与生态哲学

了解了董仲舒及本书主要的研究文本《春秋繁

① ［清］苏舆：《春秋繁露义证》，钟哲点校，北京：中华书局，1992年，第1页。

② 侯外庐：《韧的追求》，北京：三联书店，1985年，第284—285页。

露》之后，我们再来了解一下生态思想涉及的相关内容。笔者将对生态哲学的概念及生态哲学的基本问题进行梳理，对这些问题的解答是本书研究的逻辑前提和出发点。

（一）生态学

"生态学"这个概念最早是由德国哲学家恩斯特·海克尔（Ernst Heinrich Philipp August Haeckel，1834—1919）于1866年提出来的，指"研究生物体同外部环境之间关系的全部学科"[①]。人们在研究生态学的过程中发现，一切有生命的个体都是某个整体中的一部分。

最初生态学的研究并不涉及人类，直到20世纪初，生态伦理学（也叫环境伦理学）诞生，生态学才开始与人类联系起来。1923年，法国著名学者阿尔贝特·施韦泽（Albert Schweitzer，1875—1965）倡导"尊重生命的伦理学"。随后，美国生态学家奥尔多·利奥波特（Aldo Leopold，1887—1948）在1933年出版的《大地伦理学》中，主张把原本属于人类社

---

① ［德］汉斯·萨克塞：《生态哲学》，文韬、佩云译，北京：东方出版社，1991年，第1页。

会范畴的概念良心、权利等扩大到自然界，提倡“完整形态的尊重存在的伦理学”，反对以人类为中心的“人类沙文主义”，并提出了“生态价值”的概念，承认一切自然物存在道德权利。1962年，美国女作家蕾切尔·卡尔森（Rachel Carson，1907—1964）出版了《寂静的春天》，首次发出了环境保护的声音，书中描绘了技术革命后人类对于自然的破坏。肯尼迪阅读了这本书之后，倡议次年为联合国自然保护年。1971年，美国学者杰伊·W.福莱斯特在其《世界原动力》一书中对人类发展与环境污染的依赖关系作了阐述，指出了两者间增长的限度。杰伊·W.福莱斯特的《世界原动力》说“（增长的限度）导致罗马俱乐部的诞生，该俱乐部以客观的数据和计算指出了增长的危险，于是人人都在谈论人通过技术进步造成的环境危机”。[①]人类开始反思以往的生存模式，意识到环境资源不是取之不尽用之不竭的，人类对于环境的改变最终又反作用于人类本身。至此，人类意识到人也是生态学的组成部分。生态学扩大到探讨生物体（包括人及人类社会）同自然之间的关系。

① ［德］汉斯·萨克塞：《生态哲学》，文韬、佩云译，北京：东方出版社，1991年，第2页。

在生态学的研究过程中，人类反思自己该如何对待自然，生态哲学应运而生。生态哲学所探讨的就是人类该如何处理这些关系，换句话说就是人类在这些关联中该如何行动。因此，生态学是生态哲学的基础，而生态哲学则是生态学的发展与深化。

（二）自然

自然是生态学中极其重要的概念。生态学中的“自然”一词被《辞海》收入“自然界”词条。《辞海》中对于“自然界”的定义为：“统一的客观物质世界。是在意识之外、不依赖于意识而存在的客观实在。处于永恒运动、变化和发展之中，不断地为人的意识所认识并被人所改造。广义的自然包括人类社会。人和人的意识是自然界发展的最高产物。狭义指自然科学所研究的无机界和有机界。”①“环境”是与“自然”雷同的一个概念，在狭义上，环境可以等同于自然。“环境”词条，在《辞海》中的解释为：“围绕着人类的外部世界。是人类赖以生存和发展的社会和物质条件的综合体。可分为自然环境和社会环

---

① 《辞海》（1999年版缩印本），上海：上海辞书出版社，2000年，第2283页。

境；自然环境中，按其组成要素，又可分为大气环境、水环境、土壤环境和生物环境。”[①]从二者的定义中可以看到，人们在定义自然或者环境的时候，是站在以人类为主体的立场上的，认为人与自然是主客二分的，人能够认识和改造自然，但是却没有考虑自然对人的作用。这种定义方式实际上代表了人类进入工业时代以后的基本观点，认为自然是人类改造的对象。

在此之前，自然对于人类来说是神圣的，是模仿的对象，人类通过对自然的模仿获得了生存所需要的物资。德国哲学家汉斯·萨克塞（Hans Sachsse，1906—1992）在《生态哲学》中说：“自然在田耕人的眼里几乎可以说是效仿的榜样，是阐述人生的模式。”[②]而随着历史的发展，人类对于自然的研究有了新的方法，对自然的认识也不断深入，自然变得不再神秘，不再是人类的榜样，而变成人类的研究对象。在此之后，伴随着社会发展诱发的环境问题，又引起了人类的反思，“生态环境”的概念就出现了。

---

① 《辞海》（1999年版缩印本），上海：上海辞书出版社，2000年，第1455页。

② ［德］汉斯·萨克塞：《生态哲学》，文韬、佩云译，北京：东方出版社，1991年，第6页。

"生态环境"是指"影响人类与生物生存和发展的一切外界条件的总和。由许多生态因子综合而成，包括生物因子和非生物因子。生物因子有植物、动物、微生物；非生物因子有光、温度、水分、大气、土壤和无机盐类等。在自然界，各种因子不是孤立地对人类与生物发生作用，而往往是相互联系、相互影响，综合起着作用"。[①]人类意识到人与自然的关系不是单向的，自然同样也对人发生着作用。因此在生态环境的概念中，强调了自然界对于人的作用。同时，在这个概念中还强调人实际上是自然的一部分，而且自然界的每个部分不是孤立的，它们是相互联系、相互影响的。

（三）人类中心主义

人类中心主义（anthropocentrism）是以人类为"事物的中心"的学说统称。也被称为"人类中心论"。"人类中心主义"由来已久，古希腊的普罗泰戈拉的名言"人是万物的尺度"，是关于人类中心主义思想的最早的表达。他把人类视为事物的中心，人

① 《辞海》（1999年版缩印本），上海：上海辞书出版社，2000年，第2088页。

或者人类是衡量万物的尺度。文艺复兴时期以后，人类中心主义不断发展，笛卡尔的“我思故我在”、康德的“人是目的”等都是人类中心主义的哲学表达。人类中心主义逐渐成为西方近代的主流哲学思想。蒙培元先生说：“人类中心主义是当代生态学出现之后，被人们用来指称近代西方主流哲学文化的一种说法。人类中心主义被广泛重视，与后现代主义批判思潮的兴起也有关系。人类中心主义是‘现代性’的重要特征之一，也是导致生态危机不断加重的重要原因之一，因而受到生态学者的批判。”①

按照不同的划分标准，学者们将人类中心主义划分出不同的种类。

从人的理性和感性意愿上看，人类中心主义可以分为强式人类中心主义和弱式人类中心主义。“美国哲学家诺顿将人的意愿分为感性意愿和理性意愿，他认为，如果一切价值以个人感性意愿的满足为标准，就是强式人类中心主义；如果一切价值以理性意愿的满足为标准，就是弱式人类中心主义，这种人类中心主义承认满足人的意愿是合理的，并且依据合理的

① 蒙培元：《人与自然——中国哲学生态观》，北京：人民出版社，2004年，第54页。

世界观和价值观来评价这种意愿，从而防止人对自然的随意破坏，也被称为温和的人类中心主义，或现代人类中心主义。”[①]美国学者菲利普·J.艾文荷（Philip·J.Ivanhoe）则将人类中心主义分为认识论、形上学、伦理学三种。美国学者默迪将人类中心主义划分为前达尔文式的人类中心主义、达尔文式的人类中心主义和现代的人类中心主义。[②]邱耕田则提出绝对人类中心主义与相对人类中心主义。[③]丁立群则将人类中心论分为三个层面：功利层面的人类中心论、生态伦理学层面的人类中心论以及哲学人类学层面的人类中心论。[④]而从时代上看，人类中心主义又可以划分为古典人类中心主义、近代人类中心主义和现代人类中心主义。张理海在《人类中心主义：一种哲学观念还是一种传统文化精神？——兼评我国学界关于人类中心主义的争论》中，按此标准将人类中心主义划分为古代形态的人类中心主义、近代人类中心主义和现代

---

① 钟文华：《生态哲学的历史探究及其当代意义》，福建师范大学硕士学位论文，2005年，第17页。

② ［美］W.H.默迪：《一种现代的人类中心主义》，《哲学译丛》，1999年第2期。

③ 邱耕田：《从绝对人类中心主义走向相对人类中心主义》，《自然辩证法研究》，1997年第13卷第1期。

④ 丁立群：《人类中心论与生态危机的实质》，《哲学研究》，1997年第11期。

人类中心主义。[①]而汪信砚则根据时代的特点，将其划分为宇宙人类中心主义、神学人类中心主义、生态人类中心主义。[②]

蒙培元先生说过："人类中心主义的根本出发点是人与自然的二元对立。在这样的关系中，自然界作为'他者'是没有任何'内在价值'的。如果说自然界有什么价值的话，那就是供人类支配、占有和使用的价值。人类以控制、征服自然而显示人类的优越性，同时也表明了人类的价值。"[③]可见，不论何种人类中心主义，根本主张都是以人为宇宙的中心，一切事物都是为人类服务的，一切要从人的利益出发。在对待人与自然关系问题上，人类中心主义以人的利益为出发点，认为人是世界的主宰，自然界是人类征服、改造的对象。人类有权利从自然界索取一切所需物资，然而人类对自然界却不存在责任与义务的道德关系，不需要对自然加以道

---

① 张理海：《人类中心主义：一种哲学观念还是一种传统文化精神？——兼评我国学界关于人类中心主义的争论》，《自然辩证法研究》，1996年第12卷第9期。

② 汪信砚：《人类中心主义与当代的生态环境问题——也为人类中心主义辩护》，《自然辩证法研究》，1996年第12卷第12期。

③ 蒙培元：《人与自然——中国哲学生态观》，北京：人民出版社，2004年，第55页。

德关怀。

海德格尔早就意识到人类中心主义的错误，他在《关于人道主义的书信》中指出，人类并不是自然的主人，只是自然的看护者。他说："人作为存在之生存者的反抛，那就比理性的生物更多一些；而作为存在之生存者的反抛的人与从主观性来理解自身的人相比，又恰恰更少一些。人不是存在者的主人。人是存在的看护者。"[①]

人类中心主义是造成生态危机的思想根源之一。要想解决生态危机，人类必须超越人类中心主义。值得高兴的是，这种超越已经出现了，越来越多的学者开始主张非人类中心主义的伦理，这是"包括人类在内的所有生命物种的生态伦理"。[②]

（四）董仲舒思想与生态哲学的联系

伦理关系是董仲舒思想乃至儒家哲学的重要内容。董仲舒思想的伦理关系不仅涉及人与人的关系，还包括人与天、人与物的关系。因此，董仲舒的思想

---

① ［德］海德格尔：《海德格尔选集·上》，孙周兴选编，上海：上海三联书店，1996年，第385页。

② 裴广川：《环境伦理学》，北京：高等教育出版社，2002年，第279页。

天然地具有生态哲学的意蕴。他认为，人与自然是统一的整体，人与自然之间相互联系、相互作用，人、动物、植物、土地、山川等都是有“生命”的存在，这与当代生态哲学的观点不谋而合。在董仲舒的生态思想中，自然包括动物、植物、山川、土地，它们是有权利的。虽然并没有明确的权利说，但是他要求人类道德地对待自然界的一切成员，这充分显示了董仲舒承认自然界拥有道德权利的观念。同时，这也将自然纳入道德共同体之中。此外，董仲舒的思想中阐述了大量的尊重、保护自然的思想及行动。综上所述，董仲舒的思想具有丰富的生态哲学意蕴，因此，他的生态哲学思想是值得研究的。

董仲舒的生态思想集中体现在《春秋繁露》中。他以“天人合一”为统摄，以“阴阳运行”“五行生变”为运行机制，以“泛爱群生”为道德准则，以“顺时而为”为实践基础，建立起自己从思想到实践的生态哲学体系。

第二章 董仲舒的生态关系论

董仲舒在《春秋繁露》中详细阐释了他对天人关系的论述。从他的论述中，我们概括出了“天人合一”这个概念。基于生态哲学的角度审视董仲舒的“天人合一”思想，可以将“天人合一”称为董仲舒的生态关系论。

第一节 天人合一

“天人合一”是儒家生态思想研究的核心内容，正如余谋昌先生所说：“天人合一的思想可以作为现代环境伦理学的哲学基础。”[①]任何学者在研究儒家生态思想时都不能绕开“天人合一”这个命题。

许多学者在做儒家生态思想研究的时候，认为“天人合一”表达的是人与自然的关系，其核心是人与自然的和谐。早在1993年，牟钟鉴就著文，认为“天人合一”表明的是人与自然的关系。“儒家的‘天’或‘天地’的概念，大体上相当于‘自然界’

① 余谋昌：《中国古代哲学的生态伦理价值》，《中国哲学史》，1996年第1—2期。

的概念，当然也包括自然界的神秘性和超越性；其‘人’的概念，大体上相当于‘社会人生’，群体与个体都在其中了。因此，天人关系基本上同于人与自然的关系。”①胡伟希则认为：“‘天人合一’这一古语，翻译成现代汉语就是‘自然与人类合一’的意思。”②他还指出，应将“天人合一”的观念从人与自然的关系上理解，认为“天人合一”的意思是提倡人类与自然环境和谐相处，“深化了对儒学的认识，并为传统儒学如何现代化提供了一个新的维度和前景”。③

此外，还有许多学者更为全面地解析儒家的“天人合一”思想，他们在肯定“天人合一”伦理意义的基础上，从生态哲学的意义理解“天人合一”。关于“天人合一”的含义，乔清举指出，天人关系在中国哲学史上至少有四重含义：神人合一、人与自然和谐、征服自然以及人与价值合一。人与自然和谐是天人合一的基础含义。人与价值合一则是天人合一的较

① 牟钟鉴：《生态哲学与儒家的天人之学》，《甘肃社会科学》，1993年第3期。

② 胡伟希：《儒家生态学的基本观念的现代阐释：从“人与自然”的关系看》，《孔子研究》，2000年第1期。

③ 胡伟希：《儒家生态学的基本观念的现代阐释：从“人与自然”的关系看》，《孔子研究》，2000年第1期。

高含义，“天”表现为道德价值，“天人合一”在此种意义上指人应完成其道德使命。而天人合一具有物理、价值、本体、功夫、境界、知识六方面的意义。[①]李存山认为，天人合一的“合”可分为两类：一类是“主体与客体的相互接触与符合”，另一类是“客体就在主体之内，或客体是由主体的活动所产生”。[②]姜林祥指出，“在儒家的‘天人合一’观中，含有人与宇宙或自然应和谐一体的层面，则是确定无疑的”。[③]吕洪涛则说：“儒家认为，人类社会的伦理规范是效法自然界的法则和秩序，人道来源于天道，天道服务于人道，天道的法则服务于人类社会的秩序。自然与社会是一个和谐的整体，即‘天人合一’。”[④]

柴文华注意到人与自然的关系是儒家思想和现代生态伦理学共同的思考客体。何成轩也认为，中国古代“天人合一”的思想，与当今生态伦理相吻合。

---

① 乔清举：《儒家生态思想通论》，北京：北京大学出版社，2013年，第261—276页。

② 李存山：《析“天人合一”》，《传统文化与现代化》，1994年第4期。

③ 姜林祥：《儒家的“天人合一”思想与可持续发展战略》，《齐鲁学刊》，1997年第2期。

④ 吕洪涛：《儒家“天人合一”的生态伦理观的价值及其现实启示》，《江西农业大学学报（社会科学版）》，2004年9月第3卷第3期。

1993年，季羡林在《东方》创刊号发表《“天人合一”方能拯救人类》一文。陈国谦吸收冯友兰哲学思想，提出了“环境境界”的概念。他指出，“环境哲学是对人与环境相互作用的形上学的反思”；环境哲学的功用“是提高人的环境精神境界，使人的环境意识从人与环境的彼此分离提高到人与环境相融一体”。[①]张世英深入比较了中西方哲学关于主客关系的思想，认为中西方都有天人合一与主客二分的思想。[②]

尽管学者们理解“天人合一”的角度与层面有所不同，但是大多数的学者都承认儒家的“天人合一”表达了人与自然和谐的含义，具有生态思想的意蕴。

学者们从“天人合一”这一命题出发，研究儒家生态思想的时候，往往都尝试讨论“天人合一”的现实意义。关于此，学者之间存在分歧，有的学者认为，“天人合一”思想，甚至儒家思想都不能够为解决生态问题提供行之有效的帮助，只是增强人们的环境意识，认为“儒家提供给我们的是一种精神境界，

① 陈国谦：《关于环境问题的哲学思考》，《哲学研究》，1994年第5期。

② 张世英：《中国古代的“天人合一”思想》，《求是》，2007年第7期。

而不是解决问题的思维方式和根本途径”[①]。与此相反，也有学者认为，儒家的“天人合一”思想在解决生态问题方面有着重要作用。姜林祥提出，“在可持续发展战略的理论形成和正确实施过程中，可以从儒家‘天人合一’中吸取许多思想营养。……第一，儒家‘天人合一’的宇宙观，可以为可持续发展战略的建立提供理论思维方面的借鉴。……第二，儒家的‘天人合一’观可以为建立现代的生态伦理学提供丰富的思想资料。……第三，儒家的‘天人合一’思想对政府在实施可持续发展战略过程中如何发挥主导作用有着重要的启迪作用”[②]。

张峰也著文指出，“中国儒家‘天人合一’的生态智慧，不管是从其理论洞见来说，还是从其理论缺陷来看，对我们现阶段的生态文化建设都具有重要启迪意义。第一，‘天人合一’思想对现实从传统人类中心论向自然生态中心论的转变，具有重要的世界观指导意义。……第二，‘天人合一’思想对于实现生

① 吴全兰：《论儒家“天人合一”思想在解决人与自然矛盾中的意义和不足》，《玉林师范学院学报（哲学社会科学版）》，2003年第24卷第2期。

② 姜林祥：《儒家的“天人合一”思想与可持续发展战略》，《齐鲁学刊》，1997年第2期。

态文化学的最后理想——人类文明的生态化具有启迪意义。……第三，‘天人合一’思想对于帮助我们找到解决人与自然的矛盾的现实途径具有方法论意义”。[①]

值得我们注意的是，就连认为“天人合一”思想对解决现代生态问题能够有所启示的学者，也承认儒家“天人合一”思想有局限性。如张峰在强调“天人合一”的重要意义时也指出，“儒家‘天人合一’思想或许能从观念上和生态文化学意义上给我们解决生态危机问题以某些启迪，但它不可能代替我们从经济和政治制度方面对生态危机问题进行现实解决”。[②]吴宁则提出了很中肯的意见，“中国传统文化中的‘天人合一’思想对于我们建立人与自然和谐统一的新型关系具有启示意义。但我们对‘天人合一’的评价也必须实事求是，不必过于夸大，似乎它已经预见到当今的生态危机，只有‘天人合一’才能救治西方的弊端；而要从当今时代条件出发，站在时代高度使中国古代‘天人合一’思想进一步

---

① 张峰：《儒家“天人合一”思想及其对生态文化建设的意义》，《开放时代》，1997年第1期。

② 张峰：《儒家“天人合一”思想及其对生态文化建设的意义》，《开放时代》，1997年第1期。

现代化，弘扬‘天人合一’遗产中的优秀成分”。[①]

对于“天人合一”的现实意义，汤一介的论述很中肯，汤先生说：“儒家的‘天人合一’思想不可能直接解决当前人类社会存在的‘生态’问题。但是，‘天人合一’作为一个哲学命题，一种思维模式，认为不能把‘天’‘人’分成两截，而应把‘天’‘人’看成是相即不离的一体，‘天’和‘人’存在着内在的相通关系，无疑会对从哲学思想上为解决‘天’‘人’关系、解决当前存在的严重‘生态’问题提供一个有积极意义的合理思路。”[②]

“天人合一”是中国古代哲学与伦理学的重要命题，也是中国古代思想核心的精神支柱。“天人合一”表达了古人对于人与自然统一性的认识，也展现了人与自然和谐共生的美好画面。

“天人合一”的思想源于古人的自然崇拜，起初是一种神人关系。张世英先生在《中国古代的“天人合一”思想》中说：“‘天人合一’的思想可以溯源到商代的占卜。《礼记·表记》中说：‘殷人尊神，

---

① 吴宁：《论“天人合一”的生态伦理意蕴及其得失》，《自然辩证法研究》，1999年第15卷第12期。

② 汤一介：《儒家的“天人合一”观与当今的“生态问题”》，《国际儒学研究》，第14辑《2005年国际儒学高峰论坛专集》。

率民以事神。’殷人把有意志的神（‘帝’或‘天帝’）看成是天地万物的主宰，万事求卜，凡遇征战、田猎、疾病、行止等，都要求卜于神，以测吉凶祸福。这种天人关系实际上是神人关系，由于殷人心目中的神的道德属性并不明显，所以殷人基本上采取了一种无所作为、盲目屈从于神的形式。”①发展到西周，出现了“天命”“人事”这样的概念，天人合一思想出现萌芽，而且其中包含着道德方面的内容。而到了春秋时期，“天人关系的重心已不是讲人与有意志的人格神之间的关系，‘天’已经开始从超验的神的地位下降到了现实世界”。②“天”的内涵中除了人格神还加入了现实的“自然之天”以及指导人类社会的“义理之天”。

《周易·系辞下》中讲：

易之为书也，广大悉备，有天道焉，有人道焉，有地道焉，兼三才而两之，故六；六者非它也，三才

① 张世英：《中国古代的“天人合一”思想》，《求是》，2007年第7期。

② 张世英：《中国古代的“天人合一”思想》，《求是》，2007年第7期。

之道也。[①]

这段话将人的地位与天地的地位并列，但这种并列不是说人要与天地分庭抗礼，而是要与天地相顺应，人才能够真正地称为“人”。《周易·说卦》中又说：“是以立天之道曰阴与阳，立地之道曰柔与刚，立人之道曰仁与义。兼三才而两之，故《易》六画而成卦。”[②]在这里，天、地、人是和谐一致的，人道与天道是相应的，所以《周易》中又说“夫大人者，与天地合其德，与日月合其明，与四时合其序”。[③]也就是说，人与天、地不是相互对立的关系，而是相互联系、相互作用的有机统一体。三才，即天、地、人三者有机统一是中国古代哲学自然观和宇宙论的基点，也是其观照人类社会的出发点。

孔子思想里也体现出天人合一的思想。孔子虽没有具体讲天人合一，但是孔子讲过天对人的影响，天

① ［清］阮元：《十三经注疏》，［魏］王弼、韩康伯注，［唐］孔颖达等正义.《周易正义》，北京：中华书局，1980年，第90页。

② ［清］阮元：《十三经注疏》，［魏］王弼、韩康伯注，［唐］孔颖达等正义.《周易正义》，北京：中华书局，1980年，第81—82页。

③ ［清］阮元：《十三经注疏》，［魏］王弼、韩康伯注，［唐］孔颖达等正义.《周易正义》，北京：中华书局，1980年，第17页。

的重要意义。“天生德于予，桓魋其如予何？”[①]“天之未丧斯文也，匡人其如予何？”[②] 这两句话中，“天”具有神性和道德两方面的内容。“天”会将道德传予世间，同时，“天”也会保护世间道德的留存。这里孔子所讲的“天”，实际上是既带有神性意义又带有道德意义的。孔子也讲自然之天，他说：“天何言哉！四时行焉，百物生焉，天何言哉！”[③]这个“天”就是指包括四时运行、万物生长在内的自然界 。

“天人合一”既是一种宇宙观，也是一种伦理观。为什么这么说呢？这是因为“天”在中国古代哲学中有不同的含义，冯友兰先生指出“天”有五种含义：物质之天、主宰之天、运命之天、自然之天、义理之天。笔者以为，对于天的不同定义，可以分为两类，一类是从宇宙论角度理解的天，物质之天、自然之天皆属于这个角度。而主宰之天、运命之天、义理之天则可以从伦理观的角度来解读。

从宇宙观看，“天”指的是自然，“天人合一”

---

① 《论语·述而》。
② 《论语·子罕》。
③ 《论语·阳货》。

表达的是人与自然的统一。从伦理观看，“天”指的是“天道”，“人”指的是“人道”，“天人合一”就是“天道”与“人道”的统一。不论从宇宙观还是伦理观来思考“天人合一”，“天人合一”都是生态性的。而这种生态性的“天人合一”思想，正是董仲舒生态思想的灵魂。

虽然“天人合一”思想早已有之，但是，最先提出“天人合一”说法的是公羊学派的代表人物董仲舒。他说：“事各顺于名，名各顺于天。天人之际，合而为一。”①

第二节
董仲舒的生态关系论

中国哲学中重视的天人关系实际上可以理解为人与自然的关系问题，所以人与自然的关系其实是中西方哲学共同关注的问题。在面对这一问题的时候，西方哲学往往站在人类中心主义的立场上，强调“人

① ［清］苏舆：《春秋繁露义证》，钟哲点校，北京：中华书局，1992年，第288页。

是万物的尺度”“人为自然界立法”……这些观点背后，实际上是一种“主客二分”的世界观，将人与自然放在对立的位置上，把征服自然作为人类的行动目标或目的。在这种“主客二分”的世界观指导下，人类自身得到了看似奇迹般的发展，科学技术不断进步。人类利用科技不断扩大自己的影响范围，似乎对自然的控制能力在一步步加强。然而，伴随着人类对自然的征服，人类赖以生存的自然环境也遭到了前所未有的破坏，生态危机日益严重，这种情形如果不能得到缓解，那么最后的结果一定是人类所不能承受的。

中国哲学思想中虽然也有征服自然、战胜自然的思想，如“制天命而用之”“天人交相胜”等。但是这些主客二分的思想在中国哲学研究的历史中并未占据主导地位。中国哲学思想中占据主导地位的是“天人合一”思想。对于“天人合一”，不同的哲学家有各自的理解与阐释，表述也各不相同，“民胞物与”“性天相通”“辅相参赞”“天地与我并生，而万物与我为一”等思想都是对“天人合一”思想的发展。“天人合一”思想表述的核心是人与自然不是一种二元对立的关系，而是一种息息相关、相互依存、相互统一的关系。“天人合一”思想与“主客二分”“天人相分”“天人对立”，可以说是传统的中西方哲学的主要差别之一。这已经是学术界的共识了。值得注意的是，当代的西方哲学家们已经注意到了人与自然的“主客二分”给世界带来的负面影响，因而许多学者开始反思人类中心主义的错误，开始解构人与自然“主客二分”的对立状态。

在儒家哲学史上，董仲舒首先提出“天人合一”的主张。他说：“天人之际，合而为一。”“天人合一”的生态关系论是董仲舒生态思想中最基本的内容，并统摄他的整个生态思想体系。

要理解董仲舒的“天人合一”思想，我们要先了解一下董仲舒的思想中“天”的含义。董仲舒的思想中，“天”具有不同的含义。冯友兰在《中国哲学史》中讲道：“董仲舒所谓之‘天’，即与地相对之‘天’，有时系指有智力有意志之自然。有智力有意志之自然一名辞，似乎有自相矛盾之处，然董仲舒所说之‘天’，实有智力有意志，而非一有人格之上帝，故此谓之为自然也。”[①] 他在《中国哲学史新

---

① 冯友兰：《中国哲学史（下册）》，上海：华东师范大学出版社，2005年，第503页。

编》中又论述道："他（董仲舒）把物质的'天'人格化了，看成为有人的意识和情感的实体。但这个人格化了的'天'，又不是和人类的形体相类似的'上帝'。"[①]金春峰认为："董仲舒讲的'天'，有三方面的意义，即神灵之天、道德之天和自然之天。这三个方面，他力图把它们加以统一，构造成一个体系。"[②]韦政通将董仲舒的"天"概括为至上神、万物之本、道德义、自然义、天有十端、天为人君的化身六种含义。[③]余治平认为："天有三层不同的含义：一方面是包容万物的、规律性的宇宙总体结构；另一方面，天又具有人性化、伦理化的品格；第三方面，天更是人心信仰的源出，是人不得不尊崇和敬畏的对象。"[④]

总结一下，我们可以发现，对于董仲舒论述的天基本上可以归结出三个方面的意义：物质之天；具有人性、道德因素之天；神性之天。

---

① 冯友兰：《中国哲学史新编（中）》，北京：人民出版社，2007年，第52页。

② 金春峰：《汉代思想史》，北京：中国社会科学出版社，2006年，第122页。

③ 韦政通：《董仲舒》，台北：东大图书股份有限公司，1986年，第66—71页。

④ 余治平：《唯天为大：建基于信念本体的董仲舒哲学研究》，北京：商务印书馆，2003年，第85页。

了解了董仲舒思想中天的不同含义，我们再来分析一下董仲舒“天人合一”思想的含义。董仲舒“天人合一”的思想也可以归结出三层含义。

第一层意义是人的本源问题，对于这个问题，董仲舒认为人生于天。他说：

为生不能为人，为人者天也。人之人本于天，天亦人之曾祖父也。此人之所以乃上类天也。人之形体，化天数而成；人之血气，化天志而仁；人之德行，化天理而义。人之好恶，化天之暖清；人之喜怒，化天之寒暑；人之受命，化天之四时。人生有喜怒哀乐之答，春秋冬夏之类也。喜，春之答也；怒，秋之答也；乐，夏之答也；哀，冬之答也。天之副在乎人。人之情性有由天者矣。故曰受，由天之号也。为人主也，道莫明省身之天，如天出之也。使其出也，答天之出四时而必忠其受也，则尧舜之治无以加。是可生可杀，而不可使为乱。故曰：“非道不行，非法不言。”此之谓也。[1]

---

① ［清］苏舆：《春秋繁露义证》，钟哲点校，北京：中华书局，1992年，第354—355页。

意思是说人之初生并不能说是真正的人，真正使人成为人的是天。董仲舒从“人之形体”“人之血气”“人之德行”“人之好恶”“人之喜怒”“人之受命”六个方面阐述了人的本源在于天。人的形体是天数化成的，人的血气则是天志化成的，人的德行是天理化成的，人的好恶则是天的暖清化成的，人的喜怒则是天的寒暑化成的，人的受命则是由四时化成的。正是由于人的本源在于天，人的各个方面都是化天而成的，所以才使人与天相类，“天之生人”可以说是后面我们将谈到的董仲舒“天人合一”思想第二层含义“人副天数”的重要原因与依据。

董仲舒“天人合一”的第二层意义是“人副天数”，即天人相似。“人副天数”是董仲舒“天人合一”思想里最为核心的思想，也是他论述得最为详细的观点。董仲舒主要从两个层面论述“人副天数”。其一，人的形体、结构与天相副。董仲舒认为人是天所生，人的形体是积累变化的天数而成，即“人之形体，化天数而成”。因此，人的形体与天是相类似的，“观人之体一，何高物之甚，而类于天也”。[1]董

① ［清］苏舆：《春秋繁露义证》，钟哲点校，北京：中华书局，1992年，第355页。

仲舒把人体的各个部分都与自然物相对应，他认为人身体有三百六十个关节，与日数相合；人的形体骨肉与大地的厚重相合；人的头上有耳朵、眼睛，象征着日月；身体有穴道血脉，象征着山川河谷；人心有哀乐喜怒，与气相类似。他说：

人有三百六十节，偶天之数也；形体骨肉，偶地之厚也。上有耳目聪明，日月之象也；体有空窍理脉，川谷之象也；心有哀乐喜怒，神气之类也。[①]

古人认为天圆地方，所以董仲舒认为人的头部浑圆象征天，脚展开是方形象征地；头发繁多，象征着星辰；眼耳分明，象征着日月；口鼻呼吸，象征着风和气；胸中有知觉，象征着神明；腹部有实有虚，象征着万物。他说：

人之身，首坌而员，象天容也；发，象星辰也；耳目戾戾，象日月也；鼻口呼吸，象风气也；胸中达知，象神明也；腹胞实虚，象百物也。……足布而

① ［清］苏舆：《春秋繁露义证》，钟哲点校，北京：中华书局，1992年，第354页。

方，地形之象也。[①]

其二，人道与自然之道相通。人的仁爱之心来源于天，人的德义之行也源于天。董仲舒说：“人之血气，化天志而仁；人之德行，化天理而义。”又说：

天之生人也，使人生义与利。利以养其体，义以养其心。心不得义不能乐，体不得利不能安。义者心之养也，利者体之养也。体莫贵于心，故养莫重于义，义之养生人大于利。[②]

意思是说天生出人，便会让他生出义与利。之所以生出利是为了养人的身体，而生出义则是为了养人的心。人心没有义就不能快乐，人体没有利就不能安稳。所以义养心，利养体。而人体最贵重的莫过于心，养人最重要的是义，义对于人的养成要大于利。由此可见，董仲舒重视人的伦理道德甚于重视人的生理肌体。他也重点论述了人道是如何源于天、与天相

① ［清］苏舆：《春秋繁露义证》，钟哲点校，北京：中华书局，1992年，第355—356页。
② ［清］苏舆：《春秋繁露义证》，钟哲点校，北京：中华书局，1992年，第263页。

副的。他说：

人之受命于天也，取仁于天而仁也。是故人之受命天之尊，父兄子弟之亲，有忠信慈惠之心，有礼义廉让之行，有是非逆顺之治，文理灿然而厚，知广大有而博，唯人道为可以参天。天常以爱利为意，以养长为事，春秋冬夏，皆其用也。王者亦常以爱利天下为意，以安乐一世为事，好恶喜怒而备用也。然而主之好恶喜怒，乃天之春夏秋冬也，其俱暖清寒暑而以变化成功也。天出此物者，时则岁美，不时则岁恶。人主出此四者，义则世治，不义则世乱。是故治世与美岁同数，乱世与恶岁同数，以此见人理之副天道也。[①]

意思是说人受命于天，从天那里获得仁，才成就了人间的仁。人间有父兄子弟之亲，有忠信慈惠之心，有礼义廉让之行，有是非逆顺之治，文理灿然而厚，知广大有而博都是因为人受命于天之尊，所以只有人道可以参天。而人君治理天下也是参照天道而行的。天道是以爱利为意，以养长为事，春夏秋冬都是

① ［清］苏舆：《春秋繁露义证》，钟哲点校，北京：中华书局，1992年，第329—330页。

天的表现方式，而与天相同的是，君王也以爱利天下为意，以安乐一世为事，好恶喜怒则是君王之表现方式。君王的好恶喜怒就像天的春夏秋冬，都具有暖清寒暑，因变化而成就功用。天有这些，顺时则年岁好，不顺时则年岁不好；同样君王表现好恶喜怒，合义则天下太平，不合义则天下战乱，所以治世与美岁同数，乱世与恶岁同数。由此可以知，人理与天道相副。

天道与人道的统一更清楚地表现在“王”的身上。董仲舒认为王者能够沟通天、地、人，王者受命于天，即从天那里接受天道，用于人事而成人道。他说：

> 古之造文者，三书而连其中，谓之王。三书者，天地与人也，而连其中者，通其道也。……天覆育万物，既化而生之，有养而成之，事功无已，终而复始。凡举归之以奉人。察于天之意，无穷极之仁也。[①]

其三，人道与天道一致，二者都不可以改变。如果发生错位，就会产生不好的结果。董仲舒说：

---

① ［清］苏舆：《春秋繁露义证》，钟哲点校，北京：中华书局，1992年，第329页。

人受命于天，有善善恶恶之性，可养而不可改，可豫而不可去，若形体之可肥臞，而不可得革也。是故虽有至贤，能为君亲含容其恶，不能为君亲令无恶。书曰："厥辟去厥祇。"事亲亦然，皆忠孝之极也。非至贤安能如是？父不父则子不子，君不君则臣不臣耳。①

也就是说人受命于天，本身就具有善善恶恶的本性。这种本性是能够修炼但是不能够改变的，是能够隐匿但是不能够去除的，就像人的形体可以胖可以瘦，但是却不能够增加部位或者去除某些部位。所以即使有至贤，也只能包容恶，却不能消除恶。又说：

天有寒有暑。夫喜怒哀乐之发，与清暖寒暑，其实一贯也。喜气为暖而当春，怒气为清而当秋，乐气为太阳而当夏，哀气为太阴而当冬。四气者，天与人所同有也，非人所能蓄也，故可节而不可止也。节之而顺，止之而乱。人生于天，而取化于天。喜气取诸春，乐气取诸夏，怒气取诸秋，哀气取诸冬，四气之

① ［清］苏舆：《春秋繁露义证》，钟哲点校，北京：中华书局，1992，第34页。

心也。四肢之答各有处，如四时；寒暑不可移，若肢体。肢体移易其处，谓之壬人；寒暑移易其处，谓之败岁；喜怒移易其处，谓之乱世。明王正喜以当春，正怒以当秋，正乐以当夏，正哀以当冬。上下法此，以取天之道。春气爱，秋气严，夏气乐，冬气哀。爱气以生物，严气以成功，乐气以养生，哀气以丧终，天之志也。是故春气暖者，天之所以爱而生之；秋气清者，天之所以严而成之；夏气温者，天之所以乐而养之；冬气寒者，天之所以哀而藏之。春主生，夏主养，秋主收，冬主藏。生溉其乐以养，死溉其哀以藏，为人子者也。故四时之行，父子之道也；天地之志，君臣之义也；阴阳之理，圣人之法也。阴，刑气也；阳，德气也。阴始于秋，阳始于春。春之为言，犹偆偆也；秋之为言，犹湫湫也。偆偆者喜乐之貌也，湫湫者忧悲之状也。是故春喜、夏乐、秋忧、冬悲，悲死而乐生。以夏养春，以冬藏秋，大人之志也。是故先爱而后严，乐生而哀终，天之当也。而人资诸天。天固有此，然而无所之，如其身而已矣。①

① ［清］苏舆：《春秋繁露义证》，钟哲点校，北京：中华书局，1992年版，第330—332页。

大意是人的喜怒哀乐与天之清暖寒暑是一贯的，而喜怒哀乐、清暖寒暑又是与春秋冬夏相对应的。人的四肢有各自的位置，就像四时有各自的顺序；天之寒暑不能转移，就像人的肢体不能更改位置一样。改变肢体位置的人被称为“壬人”，而寒暑如果改变了其应该所在的位置，则称为败岁，喜怒改变了位置则称为乱世。贤明的君主应该正喜以当春，正怒以当秋，正乐以当夏，正哀以当冬，所有人都按照这样的要求去做，获取天之道。四时各居其位，则世间万物运行有序，天之志得以彰显。人道与天道相副，父子之道承四时之行，君臣之义承天地之志，圣人之法则是阴阳之理。

第三层含义主张将人与自然构成一个统一的有机整体。董仲舒认为，天地人“合以成体，不可一无”。在其中，天的作用是生长万物，地的作用是养育万物，而人则是成就万物。天以孝悌之义生万物，地提供衣食养万物，人用礼乐来成就万物：

天地人，万物之本也。天生之，地养之，人成之。天生之以孝悌，地养之以衣食，人成之以礼乐，三者相为手足，合以成体，不可一无也。[①]

董仲舒的“天人合一”观将人与自然紧密地联系在一起，人与自然统一，天道与人道统一，道德获得了宇宙论的基础。“天人合一”思想贯穿董仲舒生态思想的始终，正是在这一思想的统摄下，董仲舒形成了道德地对待自然界的态度。这是董仲舒生态哲学思想的精华。

① ［清］苏舆：《春秋繁露义证》，钟哲点校，北京：中华书局，1992年，第168页。

第三章

董仲舒的生态运行机制

在上文中我们了解了董仲舒的生态关系论，以下我们将分析董仲舒的生态运行机制。在董仲舒的思想中，自然界与人世间的运行主要有两个作用机制，一是阴阳运行，二是五行生变。这两个作用机制构成了一个完整的生态运行机制，在这个生态运行机制的作用下，天与人才能完成合一；也是在天人合一的思想统摄下，天与人按照这个生态运行机制正常运转。

第一节 阴阳运行

自然运行的机制是阴阳五行论。“阴阳”是中国古代哲学中重要的范畴。“阴阳”最早解为“气”，见于《国语》。《国语·周语》言：“气无滞阴，亦无散阳。阴阳序次，风雨时至。”[①]在中国思想史上，“阴阳”逐渐成为解释人和自然界万物化生的枢纽，万物皆有阴阳，其生成、发展、灭亡都是阴阳运行的结果。

---

① ［清］徐元诰：《国语集解》，王树民、沈长云点校，北京：中华书局，2002年，第111页。

"阴阳"在董仲舒的思想中占据了非常重要的地位。董仲舒的阴阳观有自然与人事两个层面。董仲舒通过对阴阳两个层面的阐释，进一步论证了自己的"天人合一"思想。

从自然的层面看，董仲舒继承了传统的"阴阳"含义，将"阴阳"定义为气。他说，"阳，天气也；阴，地气也"，[①]又说"阴，刑气也；阳，德气也"。[②]阴阳是自然的两种气，即天地之气。同时，阴阳也是具有两种特质的气，即刑、德。阴阳二气是生成自然的本源。而阴阳二气最重要的特征就是两者的性质是相反的，董仲舒说"阴与阳，相反之物也"，[③]又说"天道大数，相反之物也，不得俱出，阴阳是也"。[④]阴与阳是相反的，而天道最基本的一个准则是相反的事物不能够同时兴盛，阴阳就是这样。对"俱出"，我们不能简单地理解为同时出现，因为董仲舒

---

① ［清］苏舆：《春秋繁露义证》，钟哲点校，北京：中华书局，1992年，第356页。

② ［清］苏舆：《春秋繁露义证》，钟哲点校，北京：中华书局，1992年，第331页。

③ ［清］苏舆：《春秋繁露义证》，钟哲点校，北京：中华书局，1992年，第345页。

④ ［清］苏舆：《春秋繁露义证》，钟哲点校，北京：中华书局，1992年，第342页。

还说过“阴阳之气俱相并也”，[①]如果将“俱出”简单理解为同时出现，那么阴阳不能同时出现就与“阴阳之气俱相并也”相互矛盾了。而合理的解释应该是阴阳可以共存，但是不会同时兴盛，总是处在你强我弱、你弱我强的动态运动中，所以董仲舒又说“春夏，阳多而阴少；秋冬，阳少而阴多”。[②]在董仲舒看来，阴阳是自然的两种气，这两种气性质相反，此消彼长，相互作用，化生四时，生养万物。

阴阳有其各自的方位，阳气是从东北方生出而向南行，到达自己的位置；而后转向西，再向北，进入北方后隐藏起来。阴气是从东南生出而向北行，也到达自己的位置；而后向西，再向南，进入南方隐匿起来。所以南方是阳气发挥作用的位置，北方是其休息的处所；而阴气则是以北方为发挥作用的位置，南方为休息之处。阴阳一年之中各自出现一次。董仲舒说：

阳气始出东北而南行，就其位也；西转而北入，

---

① ［清］苏舆：《春秋繁露义证》，钟哲点校，北京：中华书局，1992年，第340页。

② ［清］苏舆：《春秋繁露义证》，钟哲点校，北京：中华书局，1992年，第339页。

藏其休也。阴气始出东南而北行，亦就其位也；西转而南入，屏其伏也。是故阳以南方为位，以北方为休；阴以北方为位，以南方为伏。……故阴阳终岁各一出。①

阴阳通过位置移动，强弱变化，产生四季变化，“阴之行，春居东方，秋居西方，夏居空右，冬居空左，夏居空下，冬居空上，此阴之常处也。阳之行，春居上，冬居下，此阳之常处也”。②

阴阳的出入与四时相应，春季阳气出现阴气隐退，秋季阴气出现而阳气隐退。夏季，阳气运行到右边，阴气转到左边，冬季则相反。阳气发生作用的位置在南，阴气隐匿的处所也是南，因此春季时阳气、阴气都是向南而行。阴气发生作用的位置在北，阳气隐藏的位置也在北，所以秋季时阴气、阳气都向北而行。但是二者所行的路径不同：夏季，阴阳之气相交于前；冬季，阴阳之气相交于后，而规律不同。

① ［清］苏舆：《春秋繁露义证》，钟哲点校，北京：中华书局，1992年，第337—338页。

② ［清］苏舆：《春秋繁露义证》，钟哲点校，北京：中华书局，1992年，第336页。

天道大数，相反之物也，不得俱出，阴阳是也。春出阳而入阴，秋出阴而入阳，夏右阳而左阴，冬右阴而左阳。阴出则阳入，阳出则阴入；阴右则阳左，阴左则阳右。是故春俱南，秋俱北，而不同道；夏交于前，冬交于后，而不同理。[①]

董仲舒还提出，夏至、冬至、春分、秋分也是由阴阳运行而产生的。初冬，阴气自东向西而行，阳气自西向东而行，二气于仲冬之月在北方相遇，合而为一，此时即冬至。

初薄大冬，阴阳各从一方来，而移于后。阴由东方来西，阳由西方来东，至于中冬之月，相遇北方，合而为一，谓之曰至。[②]

冬季结束时，阴阳二气都向南运行。在仲春之月，阳气在正东，阴气在正西，此时即春分，春分时阴阳各一半，所以昼夜平均，冷暖适宜。

---

① ［清］苏舆：《春秋繁露义证》，钟哲点校，北京：中华书局，1992年，第342页。

② ［清］苏舆：《春秋繁露义证》，钟哲点校，北京：中华书局，1992年，第343页。

冬月尽，而阴阳俱南还，阳南还出于寅，阴南还入于戌，此阴阳所始出地入地之见处也。至于仲春之月，阳在正东，阴在正西，谓之春分。春分者，阴阳相半也，故昼夜均而寒暑平。①

春分之后，阴气日益亏损，阳气日益强盛，所以天气暖热。刚到盛夏之月，阴阳二气在南方相遇，合而为一，此时即夏至。

阴日损而随阳，阳日益而鸿，故为暖热。初得大夏之月，相遇南方，合而为一，谓之日至。②

夏季结束时，阴阳二气都向北运行，在中秋之月，阳气在正西，阴气在正东，此时即秋分。秋分时阴阳也各一半，所以也是昼夜平均，冷暖适宜。

夏月尽，而阴阳俱北还。阳北还而入于申，阴北还而出于辰，此阴阳之所始出地入地之见处也。至

① ［清］苏舆：《春秋繁露义证》，钟哲点校，北京：中华书局，1992年，第343页。
② ［清］苏舆：《春秋繁露义证》，钟哲点校，北京：中华书局，1992年，第343—344页。

于中秋之月，阳在正西，阴在正东，谓之秋分。秋分者，阴阳相半也，故昼夜均而寒暑平。[①]

以上关于阴阳与四节气的描述，笔者绘出的图可清晰地展现：

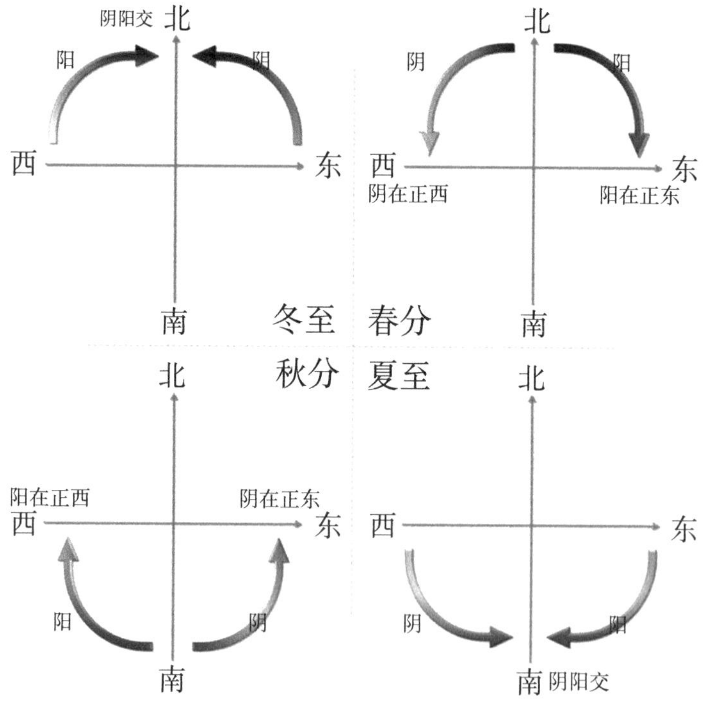

图3-1　阴阳与四节气的变化

① ［清］苏舆：《春秋繁露义证》，钟哲点校，北京：中华书局，1992年，第344页。

阴阳作用于四时，而四时又对万物产生影响。四时对应万物的生、长、养、收、藏，董仲舒说：“春主生，夏主长，季夏主养，秋主收，冬主藏。藏，冬之所成也。”[①]为何四时有这些功能？董仲舒解释说：“春，喜气也，故生；秋，怒气也，故杀；夏，乐气也，故养；冬，哀气也，故藏。”[②]

从自然层面上说，天道的作用是靠阴阳运行实现的，而阴阳二气在天道作用中的地位是阳居于主要地位，而阴处于次要地位，“天使阳出布施于上而主岁功，使阴入伏于下而时出佐阳”。[③]

在董仲舒的思想中，阴阳除了具有自然层面的意义之外，还具有人事层面的意义。他说：“阴阳之气，在上天，亦在人。在人者，为好恶喜怒；在天者，为暖清寒暑。”[④]作为人事中最重要的人，董仲舒用阴阳分析。对于男女两性，董仲舒提出男子为阳，女子为阴，男女之间作用的方式要效法阴阳之间的运

---

① ［清］苏舆：《春秋繁露义证》，钟哲点校，北京：中华书局，1992年，第315页。

② ［清］苏舆：《春秋繁露义证》，钟哲点校，北京：中华书局，1992年，第341页。

③ ［汉］班固：《汉书》卷五十六，北京：中华书局，1962年，第2502页。

④ ［清］苏舆：《春秋繁露义证》，钟哲点校，北京：中华书局，1992年，第463页。

行之法。他说，“男女之法，法阴与阳”，[①]又说“天地之阴阳当男女，人之男女当阴阳。阴阳亦可以谓男女，男女亦可以谓阴阳”。[②]对于人与人之间的几个重要关系，董仲舒也用阴阳做了区分，“君为阳，臣为阴；父为阳，子为阴；夫为阳，妻为阴”。[③]董仲舒之所以做出这样的定性，是为了借助阴阳解释社会伦理关系，论证他的纲常名教学说。在董仲舒的思想体系中，他将阴阳之间的关系规定为尊与卑、贵与贱的关系，而他又认为“阳尊阴卑”，自然而然可以推衍出男尊女卑、君尊臣卑、父尊子卑、夫尊妻卑的伦理关系。同时，前文提到阴阳还具有不同的特质，即德、刑两种特质，董仲舒进一步提出了建立在阴阳运行基础上的治理国家的方法，即“德主刑辅”。

此外，阴阳还与道德规范相联系，董仲舒认为阳气代表了施予、宽厚、仁爱的道德品质，阴气则代表了夺取、急躁、凶恶的品质。他说：“阳气予而阴气夺，阳气仁而阴气戾，阳气宽而阴气急，阳气爱而阴

---

① ［清］苏舆：《春秋繁露义证》，钟哲点校，北京：中华书局，1992年，第445页。
② ［清］苏舆：《春秋繁露义证》，钟哲点校，北京：中华书局，1992年，第446页。
③ ［清］苏舆：《春秋繁露义证》，钟哲点校，北京：中华书局，1992年，第350页。

气恶。”[①] 人的性情也与阴阳相关，他说：“天地之所生，谓之性情。性情相与为一瞑。情亦性也。谓性已善，奈其情何？故圣人莫谓性善，累其名也。身之有性情也，若天之有阴阳也。”[②]简单来说，阳气是善的，落到人身上，因人之性是阳气所生，所以性是善的；而阴气是恶的，落到人身上，因情是阴气所生，所以情是恶的。

综上所述，董仲舒对于阴阳的阐释既有自然层面的含义，又有人事层面的意义，阴阳运行不仅仅主导自然的生灭，也主导着人事的运行。可以说，董仲舒的阴阳运行思想为其天人合一思想提供了实施办法。

第二节 五行生变

关于“五行”，最早的记载见于《尚书·洪范》，指构成世界的五种基本物质，即水、火、木、

① ［清］苏舆：《春秋繁露义证》，钟哲点校，北京：中华书局，1992年，第295页。
② ［清］苏舆：《春秋繁露义证》，钟哲点校，北京：中华书局，1992年，第298—299页。

金、土。《国语·鲁语》云："及地之五行，所以生殖也。"[①]《国语·郑语》云："先王以土与金木水火杂，以成百物。"[②]"五行"与人类息息相关，是人类衣、食、住、用的来源。孔颖达引《尚书大传》说："水火者，百姓之求饮食也；金木者，百姓之所兴作也；土者，万物之所资生也，是为人用。"[③]

董仲舒在《春秋繁露》中对五行进行了详细的阐释，他认为五行具有自然与人事的双重属性，五行是继阴阳之外又一个沟通人与自然的运行机制。首先，五行是自然的五行，天地之气交合分列之后形成了木、火、土、金、水。五行实际上是天（或者说自然）最基本的五种性质。这五种性质有一定的次序，彼此相生相克。董仲舒在《春秋繁露》中对"五行"生克的顺序做了细致的阐述，他认为五行的次序是天的安排，五行的次序表达了一种父子生衍关系，木生火，火生土，土生金，金生水，水生木，因此五行的排列是木、火、土、金、水。他说：

---

① ［清］徐元诰：《国语集解》，王树民、沈长云点校，北京：中华书局，2002年，第161页。

② ［清］徐元诰：《国语集解》，王树民、沈长云点校，北京：中华书局，2002年，第470页。

③ ［清］阮元：《十三经注疏》，［汉］孔安国传、［唐］孔颖达等正义.《尚书正义》，北京：中华书局，1980年，第188页。

天有五行：一曰木，二曰火，三曰土，四曰金，五曰水。木，五行之始也；水，五行之终也；土，五行之中也。此其天次之序也。木生火，火生土，土生金，金生水，水生木，此其父子也。[①]

董仲舒认为五行不仅有各自的顺序，还有各自的方位，木处于左，金处于右，火处于前，水处于后，土处于中央，而五者中土是主体，土的方位在中央，这是天润泽的位置。土是上天的四肢，它的德行非常多而又美好，一个季节的事情不能完全说明，所以五行配有四个季节。金、木、水、火各对应一个季节，而土则兼有四季。金木水火虽然各自有职分，但是不借着土，四方不能建立，如同酸咸辛苦不借着“甘肥”美味不能构成滋味。甘甜是五味的根本，土是五行的主体。五行的主体是土气，如同五味中有“甘肥”美味，没有土不成四方，没有甘甜不成五味。他说：

土居中央，为之天润。土者，天之股肱也。其德

① ［清］苏舆：《春秋繁露义证》，钟哲点校，北京：中华书局，1992年，第321页。

茂美，不可名以一时之事，故五行而四时者，土兼之也。金木水火虽各职，不因土，方不立，若酸咸辛苦之不因甘肥不能成味也。甘者，五味之本也；土者，五行之主也。五行之主土气也，犹五味之有甘肥也，不得不成。[①]

金、木、水、火所对应的四时分别是“木名春，火名夏，金名秋，水名冬”，[②]而土对于四时，则是“无所命者”。金、木、水、火对应四时，与其各自的方位及阴阳的方位、运行轨迹是相互对应的，董仲舒讲：“木居东方而主春气，火居南方而主夏气，金居西方而主秋气，水居北方而主冬气。是故木主生而金主杀，火主暑而水主寒。”[③]

以上是五行的自然意义，五行在董仲舒思想中还具有人事层面的意义。首先，董仲舒认为，五行与五种官职相对应，木与司农相应，司农尚仁，所以木之性是仁；火与司马相应，司马尚智，所以火之性是

① ［清］苏舆：《春秋繁露义证》，钟哲点校，北京：中华书局，1992年，第322—323页。

② ［清］苏舆：《春秋繁露义证》，钟哲点校，北京：中华书局，1992年，第316页。

③ ［清］苏舆：《春秋繁露义证》，钟哲点校，北京：中华书局，1992年，第322页。

智；土与司营相应，司营尚信，所以土之性是信；金与司徒相应，司徒尚义，所以金之性是义；水与司寇相应，司寇尚礼，所以水之性是礼。

天地之气，合而为一，分为阴阳，判为四时，列为五行。行者行也，其行不同，故谓之五行。五行者，五官也，比相生而间相胜也。故为治，逆之则乱，顺之则治。[①]

首先五行有各自的顺序，各司其职，“五行之随，各如其序；五行之官，各致其能”，[②]让人遵守各自的顺序，授予人官职必须根据他们的才能，这是天的原则，“使人必以其序，官人必以其能，天之数也”。[③]五行象征天的官员，金、木、水、火各自主宰一方，其中职分中最大的，不用说所代表的是什么，一定是土。而人世间官职最大的，不用说出职位，相就是这份官职，“人官之大者，不名所职，相其是

---

① ［清］苏舆：《春秋繁露义证》，钟哲点校，北京：中华书局，1992年，第362页。

② ［清］苏舆：《春秋繁露义证》，钟哲点校，北京：中华书局，1992年，第322页。

③ ［清］苏舆：《春秋繁露义证》，钟哲点校，北京：中华书局，1992年，第322页。

矣。天官之大者，不名所生，土是矣”。[1]

其次，董仲舒认为五行方位次序、彼此生克是与父子、君臣的关系相对应的。从方位上看，木居于左侧，金居于右侧，火居于前侧，水居于后侧，土居于中央，这是五行父子的排列关系，根据相生相克的情况而分布。所以木受水而生，火受木而生，土受火而生，金受土而生，水受金而生。各个生出他者的，都是“父亲”，而被生的，都是“儿子”。天的原则就是通过“父亲”使用“儿子”。比如木已经生出，则火就养木，金死去了，水就掩藏金。火喜欢木，就用阳气养木；水克金，就用阴气使金丧失；土对待天是用尽自己的忠心。五行作为语言中的词汇，如同五种行为，由这里而得名。圣人是知道的，所以多表达他们的喜爱而很少有威严，厚待养生而谨慎对待死亡，这接近上天的隐密。以“儿子”的身份迎待五行以便养成，如同火喜欢木。丧父，就如同水克金。服侍国君，如同土恭敬上天，这样做的人可以称为有行之人。董仲舒说：

---

① ［清］苏舆：《春秋繁露义证》，钟哲点校，北京：中华书局，1992年，第323页。

木居左，金居右，火居前，水居后，土居中央，此其父子之序，相受而布。是故木受水，而火受木，土受火，金受土，水受金也。诸授之者，皆其父也；受之者，皆其子也。常因其父以使其子，天之道也。是故木已生而火养之，金已死而水藏之，火乐木而养以阳，水克金而丧以阴，土之事天竭其忠。故五行者，乃孝子忠臣之行也。五行之为言也，犹五行欤？是故以得辞也，圣人知之，故多其爱而少严，厚养生而谨送终，就天之制也。以子而迎成养，如火之乐木也。丧父，如水之克金也。事君，火。可谓有行人矣。[①]

最后，五行还是董仲舒论述天道与人道相通的一个重要依据，也就是说，五行还具有伦理道德意义。其中最重要的伦理道德就是忠孝。董仲舒借助五行，详细地阐释了人间的忠孝实际上是源自于天之经、地之义，从而将人道与天道联系起来。书曰：

河间献王问温城董君曰：“《孝经》曰：‘夫孝，天之经，地之义。’何谓也？”对曰：“天有五

① ［清］苏舆：《春秋繁露义证》，钟哲点校，北京：中华书局，1992年，第321—322页。

行，木火土金水是也。木生火，火生土，土生金、金生水。水为冬，金为秋，土为季夏，火为夏，木为春。春主生，夏主长，季夏主养，秋主收，冬主藏。藏，藏冬之所成也。是故父之所生，其子长之；父之所长，其子养之；父之所养，其子成之。诸父所为，其子皆奉承而续行之，不敢不致如父之意，尽为人之道也。故五行者，五行也。由此观之，父授之，子受之，乃天之道也。故曰：'夫孝者，天之经也。'此之谓也。"王曰："善哉。天经既得闻之矣，愿闻地之义。"对曰："地出云为雨，起气为风。风雨者，地之所为。地不敢有其功名，必上之于天。命若从天气者，故曰天风天雨也，莫曰地风地雨也。勤劳在地，名一归于天，非至有义，其孰能行此？故下事上，如地事天也，可谓大忠矣。土者，火之子也。五行莫贵于土，土之于四时，无所命者，不与火分功名。木名春，火名夏，金名秋，水名冬。忠臣之义，孝子之行，取之土。土者，五行最贵者也，其义不可以加矣。五声莫贵于宫，五味莫美于甘，五色莫盛于黄，此谓孝者地之义也。"①

---

① ［清］苏舆：《春秋繁露义证》，钟哲点校，北京：中华书局，1992年，第314—317页。

大意是说，河间献王问温城董君："《孝经》上说'孝是上天的根本，是大地的准则'是什么意思？"董君回答说："上天有五行，木火土金水就是。木生火，火生土，土生金，金生水。水代表冬季，金代表秋季，土代表夏之末，火代表夏季，木代表春季。春季主生出，夏季主成长，夏末主养成，秋季主收获，冬季主收藏。贮藏是冬季所要完成的工作。所以父亲所生出的事物，他的孩子使之长成；父亲所长成的事物，他的孩子就养成它；父亲所养成的事物，他的孩子就完成它。凡是父亲所做的，他的孩子全延续下来继续去做，不敢不让父亲的意愿实现，表现做人的原则。所以五行是五种品行。由此看来，父亲传授，孩子接受，本是上天的原则。所以说孝是上天的标准。说的就是这个意思。"河间献王说："好。上天的原则已经听说过了，希望听一听大地的准则。"董君回答说："大地生出云彩造出雨水，生出气来变成风。风雨，都是大地生出的。大地不敢占有这个功劳和名声，一定往上归功于上天，如同受命于天，所以说天刮风天下雨，而不说地刮风地下雨。辛勤劳苦汇集在大地身上，名声一律归给上天，若不是非常有义，谁能做到这样？所以地位低的人服侍地位高的人，如同大地服侍上天，可以说是最大的忠诚。土是火的孩子。五行当中没有什么比土更可贵的。土在四季当中没有命名的对象，不与火分功绩和名声。木称名春季，火称名夏季，金称名秋季，水称名冬季。忠臣的道义，孝子的行为，都由土取得。土，是五行中最可贵的，它的义却不能再增加了。五声中没有比宫更可贵的，五味中没有比甘甜更美好的，五色中没有比黄色更兴盛的，这说明孝是大地的义。”

由此，董仲舒利用五行，将伦理道德中的忠孝定义为天之经、地之义，将天道与人道统一起来了。

第三节 董仲舒的生态运行机制

董仲舒认为世间万事万物都是阴阳运行的结果。阴阳运行有序则天下太平，失序则产生灾异，天下混乱。阴阳运行，万物生灭，一阴一阳对应天地运行的规律。“天地之常，一阴一阳。阳者天之德也，阴者天之刑也”。[1]有序的阴阳运行应该是阳气从东北生出，进入西北，阳气开始生出，则万物萌芽；阳气旺盛，则万物也繁盛；阳气衰弱，则万物也开始衰败。董仲舒说：“阳气出于东北，入于西北，发于孟春，毕于孟冬，而物莫不应是。阳始出，物亦始出；阳方盛，物亦方盛；阳初衰，物亦初衰。”[2]阴阳运行有序，世间万物也运行有序；阴阳有始有终，万物有生有死。阴阳运行有序，阴阳各居其位，则万物也各居其位。阴阳运行失序，阴阳失其位，则万物失其所处。

阴阳运行生出四时，天气冷暖皆是阴阳运行的结果。董仲舒在《春秋繁露》中记录了阴阳运行失序而导致天气冷暖异常的现象。

大雩者何？旱祭也。难者曰：“大旱，雩祭而请雨；大水，鸣鼓而攻社，天地之所为，阴阳之所起也。或请焉，或怒焉者何？”曰：“大旱者，阳灭阴也。阳灭阴者，尊厌卑也，固其义也，虽大甚，拜请

① ［清］苏舆：《春秋繁露义证》，钟哲点校，北京：中华书局，1992年，第341页。
② ［清］苏舆：《春秋繁露义证》，钟哲点校，北京：中华书局，1992年，第324页。

之而已，无敢有加也。大水者，阴灭阳也。阴灭阳者，卑胜尊也，日食亦然，皆下犯上、以贱伤贵者，逆节也，故鸣鼓而攻之，朱丝而胁之，为其不义也。此亦《春秋》之不畏强御也。故变天地之位，正阴阳之序，直行其道而不忘其难，义之至也。是故胁严社而不为不敬灵，出天王而不为不尊上，辞父之命而不为不承亲，绝母之属而不为不孝慈，义矣夫。”①

董仲舒认为，阴阳有各自的方位，运行有序，有始有终。天地、日月、星辰、四时、草木、动物、人等都随着阴阳运行而生灭。阴阳运行有序，则人类社会的发展与自然的运行也就有序。阴阳失其位，乱尊卑，运行失序，无始终，就会有灾异发生。自然与人的一切变化发展都是阴阳运行的结果。

在董仲舒看来，“五行”与自然相关，又与人事相应；具有统摄人与自然的双重属性。木从时间上说就是春季，有生成万物的性质，主管的是农事，所以此时君主要鼓励农耕，不能剥夺百姓农耕的时间，使役百姓不要超过三天。“木者春，生之性，农之本

① ［清］苏舆：《春秋繁露义证》，钟哲点校，北京：中华书局，1992年，第85—87页。

也。劝农事，无夺民时，使民，岁不过三日，行什一之税，进经术之士。”[①]火从时间上说就是夏季，有成长万物的性质，主管的是朝廷之事。举贤良，选茂才，发挥他们的才能，奖励有功劳的人，封赏有德行的人，救济穷困的百姓，确定疆界，向各国派遣使节。“火者夏，成长，本朝也。举贤良，进茂才，官得其能，任得其力，赏有功，封有德，出货财，振困乏，正封疆，使四方。”[②]土从时间上说是仲夏，万物成熟，主管的是君主之事。依循宫室的制度，谨慎区分夫妇间的差别，增加亲戚间的恩情。“土者夏中，成熟百种，君之官。循宫室之制，谨夫妇之别，加亲戚之恩。”[③]金从时间上说是秋季，肃杀之气始生，主管的是军事。此时设立旌旗战鼓，拿起武器，诛杀贼寇，禁止暴虐，使百姓安居。动员出兵一定要合乎理义，出兵时要举行祭祀慰劳战士，返回时要整顿军旅，要在农闲时演习军事。“金者秋，杀气之始也。建立旗鼓，杖把旄钺，以诛贼残，禁暴虐，安集，故

① ［清］苏舆：《春秋繁露义证》，钟哲点校，北京：中华书局，1992年，第371页。

② ［清］苏舆：《春秋繁露义证》，钟哲点校，北京：中华书局，1992年，第373页。

③ ［清］苏舆：《春秋繁露义证》，钟哲点校，北京：中华书局，1992年，第374—375页。

动众兴师，必应义理，出则祠兵，入则振旅，以闲习之。”[①]水从时间上说就是冬季，万物藏于阴气之中，主管祭祀之事。宗庙祭祀由此时开始，慎重地举行四时之祭，举行禘祫之祭时，遵守昭穆的次序。“水者冬，藏至阴也。宗庙祭祀之始，敬四时之祭，禘祫昭穆之序。”[②]

董仲舒认为灾异的发生与五行的变异有关，如果五行发生变异，君王应当用德政予以补救，灾异就能消除；否则，不超过三年，就会天降陨石。“木”发生变异，春天草木凋谢，秋天草木繁茂；秋天树上凝结冰块，春季多雨。“木”发生变异是因为服徭役的人多、赋税重、百姓贫穷而叛逃、路上有很多饥民。补救的方法是减少人民的徭役，减轻人民的赋税，开仓放粮，救济穷困的百姓。“火”发生变异，冬季温暖，夏季寒冷。“火”变异的原因是君主不贤明，对于善不奖赏，对于恶不惩罚，让愚钝的人做官、贤人隐居，使寒暑颠倒，百姓遭受疫病。补救的方法是提拔有才能的人，奖赏有功劳的人，分封有德之

---

① ［清］苏舆：《春秋繁露义证》，钟哲点校，北京：中华书局，1992年，第375页。

② ［清］苏舆：《春秋繁露义证》，钟哲点校，北京：中华书局，1992年，第377页。

人。“土”发生变异，天刮起大风，五谷受到损伤。“土”变异的原因是君王不信任仁人贤人、不尊敬父兄、生活荒淫没有限度、大规模修筑宫室。补救的方法是少修筑宫室、去掉雕饰彩绘、提拔孝悌之人、体恤百姓。“金”发生变异，天上的毕星、昴星回旋，二者多次相覆盖则会战事多、贼寇作乱多。“金”变异的原因是君王背弃道义、贪图财富、轻视百姓生命、重视财货；百姓追求利益、作奸犯科的人多。补救的方法是提拔廉洁的人、扶植正直的人，偃息军事，实行文教，把铠甲武器都收起来。“水”发生变异，冬季潮湿多雾，春季夏季下冰雹。“水”变异的原因是法令松弛、刑法不施行。补救的方法是考虑监狱之事、稽查犯法的人、诛杀有罪的人、搜查犯法的人五日。董仲舒说：

五行变至，当救之以德，施之天下，则咎除。不救以德，不出三年，天当雨石。木有变，春凋秋荣。秋木冰，春多雨。此徭役众，赋敛重，百姓贫穷叛去，道多饥人。救之者，省徭役，薄赋敛，出仓谷，振困穷矣。火有变，冬温夏寒。此王者不明，善者不赏，恶者不绌，不肖在位，贤者伏匿，则寒暑失序，而民疾疫。救之者，举贤良，赏有功，封有德。土有变，大风至，五谷伤。此不信仁贤，不敬父兄，淫泆无度，宫室荣。救之者，省宫室，去雕文，举孝悌，恤黎元。金有变，毕昴为回三覆，有武，多兵，多盗寇。此弃义贪财，轻民命，重货赂，百姓趣利，多奸轨。救之者，举廉洁，立正直，隐武行文，束甲械。水有变，冬湿多雾，春夏雨雹。此法令缓，刑罚不行。救之者，忧囹圄，案奸宄，诛有罪，蒐五日。[①]

如上所言，“五行”与自然的四季相应，人类的行为应当顺应四时，也应该与“五行”相应。“五行”变异又与人事、灾异有关，五行变异表现在自然界出现异常，人类若能采取补救措施则灾异消除，若不能则灾异丛生。

植物与五行的关系也极为密切。五行之中有“木”。木在这里可以代表实物树木，也可以表示事物的性质。“木”作为五行元素之一，在古人的生活中意义重大，实际上也体现古人对于植物的重视。抽

① ［清］苏舆：《春秋繁露义证》，钟哲点校，北京：中华书局，1992年，第385—386页。

象意义上的五行，表示事物的性质与功能，五行的运行遵从天地运行的法则，在这一层面上，作为法则的五行又对作为实体的植物产生作用。五行相生相克，彼此相互影响，相互作用。五行运行有序，则世界运行有序；五行相互冲突，则会出现乱象。《春秋繁露》中讲：

火干木，蛰虫蚤出，蚿雷蚤行。土干木，胎夭卵鷇，鸟虫多伤。金干木，有兵。水干木，春下霜。

土干火，则多雷。金干火，草木夷。水干火，夏雹。木干火，则地动。

金干土，则五谷伤，有殃。水干土，夏寒雨霜。木干土，倮虫不为。火干土，则大旱。

水干金，则鱼不为。木干金，则草木再生。火干金，则草木秋荣。土干金，五谷不成。

木干水，冬蛰不藏。土干水，则蛰虫冬出。火干水，则星坠。金干水，则冬大寒。[①]

---

① ［清］苏舆：《春秋繁露义证》，钟哲点校，北京：中华书局，1992年，第383—384页。

何为“干”？《说文解字》中讲“干，犯也。”[①]指冒犯、冲犯、侵犯。董仲舒在这里阐释了五行相冲突对于动物、植物、气候、天象、人事的影响。笔者在此主要分析五行相冲突对于植物的影响。五行相冲突给植物带来的直接影响有五个方面：金冲犯火，草木受伤。金冲犯土，五谷有灾殃。木冲犯金，草木再生。火冲犯金，草木在秋季茂盛。土冲犯金，五谷不能长成。除此之外，其他种类的五行冲突也会对植物造成间接的影响，比如五行相冲突造成气候混乱，水冲犯木，春季下霜；水冲犯火，夏季下冰雹；水冲犯土，夏季寒冷下霜；火冲犯土，则出现大旱。在古代，植物的生长绝大程度上依赖于气候，可以说气候决定了植物的茂盛程度，决定了人类粮食的收成。春季下霜；夏季下冰雹、结霜，大旱，这些对于植物的生长都是极为不利的，所以，在董仲舒的五行思想中，植物与五行生变有密切的联系，植物的生长必定受其影响。

董仲舒的五行思想是在其“天人合一”思想的统摄下建立起来的，自然有五行，人有五事。人伦关

---

① ［清］段玉裁：《说文解字注》，上海：上海古籍出版社，1981年，第87页。

系与五行、五事相应。君王和臣下之间不讲礼，外表不严肃不庄重，木就弯曲不笔直，夏季就会多有暴风。风是木的气，它的音律是角调，所以用暴风与之呼应。君王的言论不谦和，金属冶制就不会成型，秋天就会多突发的雷电。突发的雷电是金的气，它的音律是商调，所以用突发的雷电回应它。君王眼光不明察，火就烧不到上面，秋季会多闪电。闪电是火的气，它的音律是徵调，所以用闪电回应它。君王的耳力不敏锐，水就不润泽下面，春夏两季就多下暴雨。雨是水的气，它的音调是羽调，所以用暴雨回应它。君王的内心不能容纳，种植的庄稼不能成熟，秋季多雷声。雷是土的气，它的音律是宫调，所以用雷声回应它。董仲舒说：

王者与臣无礼，貌不肃敬，则木不曲直，而夏多暴风。风者，木之气也，其音角也，故应之以暴风。王者言不从，则金不从革，而秋多霹雳。霹雳者，金气也，其音商也，故应之以霹雳。王者视不明，则火不炎上，而秋多电。电者，火气也，其音徵也，故应之以电。王者听不聪，则水不润下，而春夏多暴雨。雨者，水气也，其音羽也，故应之以暴雨。王者心不能容，则稼穑不成，而秋多雷。雷者，土气也，其音宫也，故应之以雷。[①]

所谓天之五行，即木、火、土、金、水；人之五事，董仲舒称之为貌、言、视、听、思。五事是人从上天所接受的天命，君王修此五事从而治理百姓。所以作为君王，对待百姓，统治不能不明察，治理的标准不可以不公正。他说："五事，一曰貌，二曰言，三曰视，四曰听，五曰思。何谓也？夫五事者，人之所受命于天也，而王者所修而治民也。故王者为民，治则不可以不明，准绳不可以不正。"[②]

在董仲舒的思想体系中，自然的运行是按照五行有序运行而生灭发展的，如果五行的运行发生错位，就会产生各种自然灾害。五行的运行影响自然，也影响人事。五行生变产生灾害时，如果人的行为得当，那么就能够消除灾异。君臣、父子、夫妇、忠孝等人间的伦理关系与道德又是根据五行的顺序、方位建立起来的。人的行为，尤其是作为人之主宰君王的行

---

① ［清］苏舆：《春秋繁露义证》，钟哲点校，北京：中华书局，1992年，第388—389页。

② ［清］苏舆：《春秋繁露义证》，钟哲点校，北京：中华书局，1992年，第389—390页。

为，又能反过来影响四时、五行。

董仲舒的生态运行机制借助阴阳运行与五行生变构建起人与自然的有机联系。天地、阴阳五行与人是一个统一体的各个部分。董仲舒说：“天有十端，十端而止已。天为一端，地为一端，阴为一端，阳为一端，火为一端，金为一端，木为一端，水为一端，土为一端，人为一端，凡十端而毕，天之数也。”①在这个整体之中，人与自然都是依阴阳、五行化生的，自然、人事的运行也受阴阳、五行运行规律的支配。反过来，人事又影响自然的变化，进而影响阴阳、五行的运行，与董仲舒生态运行机制里“天人合一”的生态关系思想内在地一致，也是其生态哲学思想的一个重要内容。

① ［清］苏舆：《春秋繁露义证》，钟哲点校，北京：中华书局，1992年，第216—217页。

第四章 董仲舒的生态德性论

董仲舒生态思想中一个重要的组成部分是生态德性论。这个理论继承了儒家的仁爱思想，董仲舒将其发展为“泛爱群生”，并在此基础上，建立起将动物、植物、土地、山川等都纳入道德共同体之内的生态德性论。

第一节 儒家的仁爱思想

“仁”是儒家思想中非常重要的一个概念。对于“仁”的理解，学者大多关注于传统意义上“仁”所涉及的人与人之间的伦理关系。随着深入研究儒家生态思想，王正平认为儒家“仁”的思想在生态伦理思想史上具有重要意义，“中国先哲从‘天人谐调’思想出发，确信‘天地之大德曰生’。‘天只是以生为道’，尊重天地间的一切生命，歌颂生命价值，倡导‘仁者以天地万物为一体’‘物我兼照’‘衣养万物’‘歙歙焉为天下浑其心’的超我的仁爱观念，是人类生态伦理思想的重要先声”[①]。

“仁”的生态意义扩展，是根据“仁”的伦理推导出来的。“儒家主张‘天下归仁’，把万物作为人类道德关怀的对象，把原本用于人类社会的道德原则和道德情感扩大到天地万物之中，维护着天地的‘生生之德’[②]。”

陈义军认为“仁”是儒家生态伦理思想中的一个核心概念和中心问题。“由于‘仁’内在天然地具有一种可以不断外推的特征和心理机制，‘仁’的实现过程，就是一种不断推己及人的过程，如此推衍，行‘仁’就不但要爱自己、爱别人，而且可以扩展到自然界的一切事物，这是儒学内含的由人道推衍天道的具体体现，也是人类道德视野的一次革命性拓展。”他进一步说，董仲舒将“仁”扩展到爱鸟兽昆虫，无所不爱才是真正的“仁”，“从此，施仁的内在规定性便有了实质性进展，并且获得了生态道德的意蕴”[③]。

---

① 王正平：《“天人调谐”：中国传统的生态伦理智慧》，《自然辩证法研究》，1995年第11卷第12期。

② 张永刚：《先秦儒家生态伦理情怀的现实观照》，《洛阳理工学院学报（社会科学版）》，2008年8月第23卷第1期。

③ 陈义军：《儒家生态伦理思想初探》，《济源职业技术学院学报》，2009年9月第8卷第3期。

学界有很多持这种观点的学者，赵媛等指出，“儒家的生态道德是一种真正地推己及人、由己及物的道德。它以‘仁爱’为基点，把人类社会的仁爱主张，推行于自然界；其维护自然生态环境的目的，首要是人类自身的生存需要，其次才是对自然万物的爱护和同情。……同时，儒家已经清楚地认识到，尽管人类的价值高于自然万物的价值，但是人类社会与自然界又是相互依存的，人类也是自然大家庭中的一员。为了使自然界为人类提供更多的物质财富，必须把管理社会的原则推广到自然界中去，对天地万物施以仁爱的精神，在人与自然界中建立起协同互济、相互制约的秩序”。①陈来认为，“宋明理学把自然的‘生’与道德的‘仁’等量齐观，使‘生’不仅具有宇宙论的意义，也被视为人类道德的根源”。②蒙培元的《人与自然——中国哲学生态观》以及其围绕生态哲学问题发表的文章里，对于儒家哲学的“生”、自然的目的性、仁的差异性与普遍性等生态思想进行了系统而又深入的论述。他指出：“自然界作为生命整

---

① 赵媛、方浩范：《儒家生态伦理思想及其现代启示》，《前沿》，2008年第3期。

② 陈来：《道德的生态观——宋明儒学仁说的生态面向及其现代诠释》，《中国哲学史》，1999年第2期。

体，当然是有内在目的的。”自然的目的就是生生，是向完善、完美发展，故可称为“善”，“善”即是目的。人是自然目的的“实现原则”，由此他特别强调儒家主张的“为天地立心”“不是为天地立法”，而是对于自然的照管；是肯定自然生生不息的事实，把自然的生生不息作为价值，自觉地、主动地帮助自然实现生生不息的过程。①白奚和蒙培元都强调，儒家的主体是一种“德性主体”。任俊华认为，儒家生态伦理思想表现为天道与人道一致的生态伦理信念，万物平等的生态价值观念以及仁爱好生的生态伦理情怀。②

孔子提出了“仁”，并在《论语》中详细地论述了“仁”的含义。孔子注重人事，所以孔子讲“仁者爱人”，但这并不是说孔子不讲爱物。孔子对自然也是十分关爱的，《论语》中“子钓而不纲，弋不射宿”③就体现了孔子对于鱼、鸟等动物的关爱。面对自然之美，孔子常常发出感叹，“山梁雌雉，时哉时哉”④，并以自然之美来赞美君子。“知者乐水，仁

---

① 蒙培元：《人与自然——中国哲学生态观》，北京：人民出版社，2004年。

② 任俊华：《论儒家生态伦理思想的现代价值》，《自然辩证法研究》，2006年第3期。

③ 杨伯峻：《论语译注·述而》，北京：中华书局，1958年，第72页。

④ 杨伯峻：《论语译注·述而》，北京：中华书局，1958年，第107页。

者乐山”，[1]孔子一方面赞美了君子德性如大山那样稳重、智者智慧如水般流动，另一方面，山、水也被孔子赋予了德性与感情。

孟子继承并发展了孔子的仁爱思想，提出了“仁民爱物”[2]的说法，明确地将物纳入到仁爱的对象之中。此后儒家“仁爱”思想不断地发展扩充，仁爱的对象范围不断扩大。发展到董仲舒这里，仁爱的对象被扩大到一切生命体。

第二节
泛爱群生

董仲舒继承儒家的仁爱思想，提出了“泛爱群生”的主张。“泛爱群生”指爱护一切有生命的事物，尊重自然，不以人的好恶喜怒赏罚。“泛爱群生”是董仲舒生态哲学的又一重要内容。董仲舒说：

---

① 杨伯峻：《论语译注·述而》，北京：中华书局，1958年，第61页。
② 杨伯峻：《孟子译注·尽心上》，北京：中华书局，2005年，第287页。

“泛爱群生，不以喜怒赏罚，所以为仁也。”[①]又说：“质于爱民以下，至于鸟兽昆虫莫不爱，不爱，奚足谓仁！”[②]他的仁爱思想强调一切生命都是要得到尊重和爱护的。董仲舒的“仁”是“始于自爱，推于爱人，极于爱物”。[③]他认为，草木、鸟兽、土地、山川都是有生命的存在，也就是说整个自然都是“仁”应该关照的对象。他进一步提出了“恩及草木”“恩及鳞虫”“恩及羽虫”“恩及于土”“恩及倮虫”“恩及于毛虫”“恩及于水”的观点，强调道德地对待一切生命存在，即自然。从生态哲学的角度说，这是将植物、动物、水、土、人都纳入到道德共同体中，要求对其加以道德关怀。而人类作为唯一能够行仁义的生物，其责任与义务在于要对万物施仁义，“天之为人性命，使行仁义而羞可耻”。[④]用当代生态哲学的话语来说，他表达的其实是“道德代理人”的意思。人类作为“道德代理人”，对于自然有施行仁义的道德

① ［清］苏舆：《春秋繁露义证》，钟哲点校，北京：中华书局，1992年，第165页。
② ［清］苏舆：《春秋繁露义证》，钟哲点校，北京：中华书局，1992年，第251页。
③ ［清］苏舆：《春秋繁露义证》，钟哲点校，北京：中华书局，1992年，第251页。
④ ［清］苏舆：《春秋繁露义证》，钟哲点校，北京：中华书局，1992年，第61页。

责任与义务。

董仲舒讲“泛爱群生”，植物作为生命性的存在，也是群生中的一员，因此植物也是人类所要关爱的对象。人类只有道德地对待植物，才能使它们繁茂。董仲舒言：

恩及草木，则树木华美，而朱草生……咎及于木，则茂木枯槁。[①]

如何道德地对待植物？董仲舒提出要尊重植物的生命，保证植物生长周期的完整性，不乱砍滥伐，取用要有度。董仲舒的主张受《礼记·月令》的影响很大，认为统治者要区分春夏秋冬，各行其政。春季植物开始生长，不能够砍伐树木。夏季植物继续生长，也不能够砍伐树木。秋季植物开始枯萎落叶，可以砍柴烧炭。冬季万物凋零，能够砍伐树木。这些规定都是对于植物生命的尊重。人类必须让植物完成自己的生命周期，才能够砍伐、使用它们。董仲舒还把道德地对待植物作为评判统治者功绩的重要内容，他说：

---

① ［清］苏舆：《春秋繁露义证》，钟哲点校，北京：中华书局，1992年，第372页。

"治世之德，润草木，泽流四海，功过神明。"[1]

董仲舒意识到植物的重要价值，承认植物与自然之间的相互作用，将物候学的思想内容与农业生产、植物保护等人类活动结合起来，保证植物能够完成自己的生命周期。董仲舒的生态德性论把植物纳入道德共同体的范围中，要求人类道德地对待植物，植物生长期不能够砍伐树木，取用山林等资源要有节制。这在客观上保护了植物的生长、繁殖，对今天人类罔顾植被破坏、乱砍滥伐颇有警示意义。

董仲舒认为，人类应善待动物，如此才能够有祥瑞出现，天下太平。他在《春秋繁露》中说：

恩及鳞虫，则鱼大为，鳣鲸不见，群龙下。[2]

……

恩及羽虫，则飞鸟大为，黄鹄出见，凤凰翔。[3]

……

恩及倮虫，则百姓亲附，城郭充实，贤圣皆迁，

---

① ［清］苏舆：《春秋繁露义证》，钟哲点校，北京：中华书局，1992年，第466页。

② ［清］苏舆：《春秋繁露义证》，钟哲点校，北京：中华书局，1992年，第372页。

③ ［清］苏舆：《春秋繁露义证》，钟哲点校，北京：中华书局，1992年，第373页。

仙人降。①

……

恩及于毛虫，则走兽大为，麒麟至。②

……

恩及介虫，则鼋鼍大为，灵龟出。③

意思是说人类的恩德到达有鳞的动物身上，那么鱼类就能够大量繁殖，鳣鱼、鲸鱼（海兽）不会出现，会有群龙降世。人类的恩德到达鸟类身上，那么飞鸟就会大量繁殖，黄鹄就会出现，会有凤凰飞来。人类的恩德到达不长毛发的动物身上（人类等），就能够百姓归顺，人口增加，财物充实，有才能的人能够得到重用，就会有仙人降世。人类的恩德到达有毛发的动物身上，走兽就能够大量繁殖，麒麟便会到来。人类的恩德到达有甲壳的动物身上，爬行动物就能够大量繁殖，灵龟就会出现。

与此相反，如果人类不能够善待动物，那么人

---

① ［清］苏舆：《春秋繁露义证》，钟哲点校，北京：中华书局，1992年，第375页。

② ［清］苏舆：《春秋繁露义证》，钟哲点校，北京：中华书局，1992年，第376页。

③ ［清］苏舆：《春秋繁露义证》，钟哲点校，北京：中华书局，1992年，第380页。

类得到的就会是祸患。如果人类竭泽而渔，不道德地对待有鳞的动物，那么鱼类就不繁殖，群龙就潜伏起来，鲸（海兽）就会出现。如果人类摘取鸟巢、捕捉幼鸟，不道德地对待鸟类，那么鸟类就不繁殖，冬候鸟不会来，枭鸱成群地鸣叫，凤凰高飞远去。如果人类残暴、滥杀无辜，不道德地对待同类，人类便不能繁衍，百姓离去，圣人逃亡。如果人类用四面张网、焚烧山林的方式猎取动物，不道德地对待兽类，那么走兽就不能繁殖，白虎会肆意搏斗，麒麟会远远离开。如果人类不道德地对待有甲壳的动物，那么龟类就会深藏起来，大鳖和鳄鱼会吼叫。董仲舒说：

漉陂如渔，咎及鳞虫，则鱼不为，群龙深藏，鲸出现。①

……

摘巢探鷇，咎及羽虫，则飞鸟不为，冬应不来，枭鸱群鸣，凤凰高翔。②

……

---

① ［清］苏舆：《春秋繁露义证》，钟哲点校，北京：中华书局，1992年，第373页。
② ［清］苏舆：《春秋繁露义证》，钟哲点校，北京：中华书局，1992年，第374页。

暴虐妄诛，咎及倮虫，倮虫不为，百姓叛去，贤圣放亡。[①]

……

四面张罔，焚林而猎，咎及毛虫，则走兽不为，白虎妄搏，麒麟远去。[②]

……

咎及介虫，则龟深藏，鼋鼍呴。[③]

董仲舒在这里将人类与动物放在同样的位置上，甚至把人类归类于一种动物，即“倮虫”。他认为人类要道德地对待一切动物包括人类自身。这表明，董仲舒已经意识到动物与人类一样都是道德共同体的成员。

董仲舒将动物纳入道德共同体之中，认为动物需要得到道德地对待是他“泛爱群生”思想的重要表现。“泛爱群生”思想所说的仁爱的对象不仅仅是人类自己，而且包含了动物、植物、土地、山川等一切

---

① ［清］苏舆：《春秋繁露义证》，钟哲点校，北京：中华书局，1992年，第375页。

② ［清］苏舆：《春秋繁露义证》，钟哲点校，北京：中华书局，1992年，第377页。

③ ［清］苏舆：《春秋繁露义证》，钟哲点校，北京：中华书局，1992年，第381页。

生命。正是因为动物是仁爱的对象，所以人类才会道德地对待它。董仲舒在《春秋繁露》中说：

《春秋》为仁义法，仁之法在爱人，不在爱我；义之法在正我，不在正人；我不自正，虽能正人，弗予为义；人不被其爱，虽厚自爱，不予为仁。……质于爱民以下，至于鸟兽昆虫莫不爱，不爱，奚足谓仁？[1]

意思是说，《春秋》制定了仁、义的原则。仁的原则在于“爱人”，不在于爱自己；义的原则在于纠正自我，不在于纠正他人。不纠正自己，即使能够纠正他人，《春秋》也不认为他是“义”的；不爱他人，即使很爱自己，《春秋》也不认为他是“仁”的。虔诚地爱人类及鸟兽昆虫才是真的仁。由此可知，“仁”的对象不仅仅包含人类，还有“鸟兽昆虫”。正是因为鸟兽昆虫皆是“仁”所涵盖的对象，因此董仲舒才会要求人类道德地对待动物。

董仲舒认为以仁爱之心对待万物，泛爱群生，就能够草木茂盛、动物繁多、气候适宜、水土肥美，人

---

① ［清］苏舆：《春秋繁露义证》，钟哲点校，北京：中华书局，1992年，第250—251页。

与自然和谐共生。董仲舒说：

毒虫不螫，猛兽不搏，抵虫不触。故天为之下甘露，朱草生，醴泉出，风雨时，嘉禾兴，凤凰麒麟游于郊。[①]

反之，则会灾异丛生，白虎妄搏，茂木枯槁，麒麟远去，凤凰高翔。

在董仲舒的土地山川观中，他将土地山川视为有生命的存在，要求人类道德地对待土地山川。《春秋繁露》云："恩及于土，则五谷成，而嘉禾兴。"[②]"咎及于土，则五谷不成。"[③]这就是说，人类若是道德地对待土地，那么土地就会更好地生养五谷，人类就能够获得好收成。反之，则五谷不成。"恩及于水，则醴泉出。"[④]"咎及于水，雾气冥冥，

---

① ［清］苏舆：《春秋繁露义证》，钟哲点校，北京：中华书局，1992年，第102页。
② ［清］苏舆：《春秋繁露义证》，钟哲点校，北京：中华书局，1992年，第375页。
③ ［清］苏舆：《春秋繁露义证》，钟哲点校，北京：中华书局，1992年，第375页。
④ ［清］苏舆：《春秋繁露义证》，钟哲点校，北京：中华书局，1992年，第381页。

必有大水，水为民害。”[1]这就意味着人类若是道德地对待水，就会出现甘泉，反之，就会出现水灾，损害民生。董仲舒这个主张具有自然崇拜及神秘主义的色彩，认为土地山川是具有神性的，倘若人类不能够善待土地山川，神灵就会降灾于人。道德地对待土地山川也是符合当代生态哲学的要求的，这意味着把山川土地纳入道德共同体的范围中。

土地山川具有生命，那么土地山川的生命如何表现？土地的生命性在于前文所讲的生万物，若是土地不能够生长万物，就意味着土地失去了活力。山由土聚而成，因此，山的生命力也在于生养万物。在汉语中，有活水、死水之说。何为活水？即流动的水。何为死水？即不流动的水。银雀山汉墓《孙膑兵法·地葆》竹简说：“北注之水，死水；不流，死水也。”可见，流动性是水生命力的象征。

土地山川都是有生命的存在，是人类需要道德对待的事物。因此，古人在使用、治理土地山川方面极其慎重。《公羊传注疏》中田分为三等，一等的田一年一种，二等的田两年一种，三等的田三年一种。

① ［清］苏舆：《春秋繁露义证》，钟哲点校，北京：中华书局，1992年，第380页。

“司空谨别田之高下、善恶，分为三品：上田一岁一垦，中田二岁一垦，下田三岁一垦。”①这一记载表明，先秦时期，人们就懂得休耕，给土地恢复活力的时间。除了休耕，让土地自己恢复生命性之外，古人还会人为地增加土地的肥力，增强土地的生命力。《周礼》中记载：

草人掌土化之法以物地，相其宜而为之种。凡粪种，骍刚用牛，赤缇用羊，坟壤用麋，渴泽用鹿，咸潟用貆，勃壤用狐，埴垆用豕，强壏用蕡。轻爂用犬。②

“土化之法”就是使用肥料来改善土地质量，增加土地肥力。郑玄注云：“土化之法，化之使美也。”③根据土地的不同，使用的肥料也不同。用适当的汁水浸泡种子，在种子种下后，土地肥力会增加。红色而坚硬的土地用牛骨汁，浅红色的土地用羊骨

---

① ［清］阮元：《十三经注疏》，［东汉］何休注、［唐］徐彦疏：《春秋公羊传注疏》，北京：中华书局，1980年，第2287页。
② ［清］阮元：《十三经注疏》，［汉］郑玄注、［唐］贾公彦疏：《周礼注疏》，北京：中华书局，1980年，第746页。
③ ［清］阮元：《十三经注疏》，［汉］郑玄注、［唐］贾公彦疏：《周礼注疏》，北京：中华书局，1980年，第746页。

汁，黑色的土地用麋骨汁，干涸的沼泽地用鹿骨汁，盐碱地用貆骨汁，沙土地用狐骨汁，稍黏而较疏松的土地用猪骨汁，坚硬的土地用火麻子汁，轻脆的土地用狗骨汁。

《国语》中记载了周灵王二十二年（公元前550年），谷水与洛水争流，将要淹毁王宫。灵王想用堵的方式治理泛滥的谷水，太子晋进谏反对，他认为不能够毁山脉，不能够填平沼泽，不能够堵塞江河，不能够掘开湖泊。太子晋强调，圣王们治理山川都极其慎重。

灵王二十二年，谷、洛斗，将毁王宫。王欲壅之，太子晋谏曰："不可。晋闻古之长民者，不堕山，不崇薮，不防川，不窦泽。……古之圣王，唯此之慎。"①

古人认为治理河水的方法是疏、导，使河道畅通，让河水能够不受阻碍地流向大海。这是我国古人的智慧，说明古人已经认识到水的性质与特点，不扼

① ［清］徐元诰：《国语集解》，王树民、沈长云点校，北京：中华书局，2002年，第92—93页。

杀水的生命，保证水的流动，使水能够参与到生态系统的循环中。

承认土地山川的生命性，并在使用的时候保护其生命性，这是董仲舒朴素的生态思想。在具体操作中，这种朴素的生态思想或许存在不合理或不科学的地方，但在思想上给古人打下了保护土地山川的深刻烙印，进而保护了当时的自然环境，维持了当时的生态平衡。

第三节 董仲舒的生态德性论

董仲舒“泛爱群生”理论的核心是“仁”。“仁”作为天地之德表达了“生生”之意，“天地之大德曰生”。“生”即是生养万物。人秉承天命，与天地合德，就要发挥“生”的功能。董仲舒的“泛爱群生”实际上是人与天地合德，发挥的是“生”的功能。人所发挥的“生”的第一个作用在于自身生命的体验，这一点人类与其他生命一致。第二个功能在于维护其他生命的权利，帮助其他生命完成它们“生”

的实践。所以“泛爱群生”的生态意义在于承认人是自然统一体的一员，与其他生命本质上是一致的。同时，人类作为理性的存在，又有责任与义务帮助和保护自然界的其他成员生的权利。在自然界与人类都是道德共同体一员的基础之上，董仲舒建立起了自己的生态德性论。

董仲舒的生态德性论涵盖了动物、植物、土地、山川等自然界各个方面的内容。

第一，肯定动物的价值。

董仲舒充分肯定了动物的价值。这种价值不仅仅是与人相关的动物的使用价值，更为重要的是动物作为自然界一员的固有价值。

动物的使用价值在董仲舒的思想中表现得十分明显。人们捕猎动物作为食物，人们用动物的皮毛制成各种生活用品……动物为人类的生存提供了物资，这是动物的使用价值在董仲舒思想中最基本的表现。除此之外，董仲舒思想中还阐述了具有神秘色彩的其他使用价值，即人类利用动物祭祀神明。人们通过向神明贡献牺牲（动物或动物制品）等，表示敬畏、感恩之意，被用作祭品是人类对动物使用价值的宗教性发掘。

动物是否具有固有价值？有人认为只有人类才

具有固有价值。美国专门研究动物权利的哲学家汤姆·里根认为，虽然动物不具有人类独有的许多能力，如阅读、算术等，但是这并不意味着动物就不具有固有价值。因为动物与人类在最关键、最基本的方面是相似的，即都是生命体验的主体（the experiencing subject of a life）。人类作为生命体验的主体是“具有个体利益的一种有意识的生物”，[①]这种利益对人自身非常重要，却并不涉及对于他人或物的作用。动物同样是生命体验的主体，因此动物也同人类一样具有固有价值，并且动物的固有价值与人类的固有价值是平等的。在爱德华·约翰逊看来，不能因为人类意识的复杂性而说人的价值就高于动物。“因为每种生物的意识对其自身的价值都是最重要的，即使人比其他动物更了解它们（这不能证明），人的意识也不比动物对它们自身的意识更重要。”[②]董仲舒要求人类不随意虐杀动物，要道德地对待动物。这都是承认动物同人类一样是生命体验的主体，是有意识、有情感的活生生的存在者，意味着董仲舒承认动物的固有价值。

---

① ［澳］彼得·辛格、［美］汤姆·里根：《动物权利与人类义务》，曾建平、代峰译，北京：北京大学出版社，2010年，第122页。

② ［澳］彼得·辛格、［美］汤姆·里根：《动物权利与人类义务》，曾建平、代峰译，北京：北京大学出版社，2010年，第153页。

承认动物的固有价值是董仲舒生态德性论的一个重要内容。

第二，尊重动物的权利。

动物是否具有权利？哲学家们对此进行了激烈的讨论。意大利哲学家圣托马斯·阿奎纳认为动物的存在是没有理性的，动物不能主宰自己的行为，因而没有自由，应该受奴役。动物是为人类而存在的，人类的博爱不涉及动物。笛卡尔认为动物不具有权利，动物只是“一台神造的机器”，它们没有思想，只能够机械地运动，而能够思想的人类则是一切其他动物的绝对主宰。德国哲学家康德认为人类对动物的责任实际上是对于人类本身的间接责任，“动物的本性和人类的本性具有某些相似之处，我们通过履行对动物的责任来表明人类的本性，我们就间接地履行了对于人的责任”。[①]美国哲学家汤姆·里根承认动物的固有价值，进而认为动物“拥有受到以尊重来对待的平等权

① 选自康德“对动物和神灵的责任”，收录在《伦理学演讲录》（Lecture on Ethics），由Louis Infield翻译（New York：Harper and Row，1963），第239—241页。转引自［澳］彼得·辛格、［美］汤姆·里根：《动物权利与人类义务》，曾建平、代峰译，北京：北京大学出版社，2010年，第25页。

利”。[1]美国哲学家詹姆斯·里查尔斯认为，动物同人类一样拥有自由权。随着科技的发展，人类发现动物是具有思想的，动物的思想可能没有人类理性思维的高度，但不可否认，动物有自己的意识、情感等，它们的活动并不是机械的。因此，从动物没有思想的立场上否认动物不具有权利的说法是站不住脚的。从生态哲学出发，动物既具有自己的固有价值，也拥有自己的权利。

董仲舒承认动物的权利，并且在对人类的活动中充分尊重了动物的权利。在董仲舒那里，动物被视为同人类一样的生命存在，它们最重要的权利就是生存权、繁衍权。因此，董仲舒对待动物的态度是极为慎重的。人类并不能够轻易地剥夺动物生存、繁衍的权利。人类必须道德地对待动物，不能肆意剥夺动物的生命。动物的生存权并不是针对某个动物个体而言，而是对动物种群而言的。人类不能够对动物进行灭绝式的捕杀，这就保证了动物种群的生存权。

除了生存、繁衍的权利之外，董仲舒的思想中还涉及动物的神权。西方的天主教神学认为，动物没

---

① ［澳］彼得·辛格、［美］汤姆·里根：《动物权利与人类义务》，曾建平、代峰译，北京：北京大学出版社，2010年，第123页。

有道德地位，它们不像人类那样具有理性，所以动物不具有永恒不朽的灵魂，上帝创造动物是为了服务人类。他们认为“在万物生存的自然规律中，动物只能顺应神圣的天命，供人类享用，于是，人类便可以理所当然地利用各种方式处置动物，甚至猎杀它们，而没有犯下任何过错”。[①]因此，动物是不具有神权的，而董仲舒的观点恰恰相反。中国古代的宗教神学中，存在着具有神性意义的动物，如上文所说的凤凰、麒麟、龟等。董仲舒认为这些具有神性意义的动物是最高精神实体“天”的代言人。这些动物的现世，是上天积极意愿的表达。它们往往是祥瑞的象征，往往能够指引人类施仁政、行正道。可见，某些动物的神权是得到认可与尊重的。

董仲舒承认动物具有的权利，并且在人类的活动实践中主张尊重动物的权利。这是董仲舒动物观生态意义的重要表现，在客观上起到保护动物的作用。人类可以使用动物来满足自身的需要，但是有严格的限制，不能够因为私欲而对动物赶尽杀绝。人类在猎杀动物的时候，必须保证动物种群的延续。同时，董仲

① ［澳］彼得·辛格、［美］汤姆·里根：《动物权利与人类义务》，曾建平、代峰译，北京：北京大学出版社，2010年，第143页。

舒也要求人类不能够破坏动物的生存空间，要保证动物拥有自己的独立生存空间。当前日益严峻的动物种类灭绝、动物的生存空间毁灭等生态危机，让人类思考怎么做才能解决这些问题，董仲舒的动物观提供了一个很好的参考。

董仲舒承认动物的生命，承认动物的价值，尊重动物的权利，把动物纳入道德共同体的范围中，要求人类道德地对待动物，并在实践当中切实维护动物的生存与延续。这样的动物观为当今人类思考人与动物之间的关系、解决人与动物之间的矛盾、缓解动物危机提供了理论与实践上的参考。这就是董仲舒生态德性论关于动物的生态意义之所在。

第三，同对待动物的态度一样，董仲舒将植物纳入到道德共同体之中，承认其价值与权利。

董仲舒的生态德性论充分地认识到植物对于人类的重要价值。中国人以植物为主要食物，这是植物使用价值的最基本表现。董仲舒也提及人类利用植物制作其他生活用品。同动物一样，董仲舒也发掘了植物的宗教性使用价值，将植物用于祭祀之中。董仲舒承认植物的生命，因此植物也具有其自身的内在价值。董仲舒将植物纳入道德共同体之中，要求人类道德地对待植物。尊重植物生长的权利，是董仲舒生态德性论的重要内容。

第四，借助土地山川的特殊功能，具象、深化了“天人合一”思想。

山川一方面主宰着国运，象征着国君与人间正道，另一方面又是天的代表，帮助天发挥功用，出云生雨，润泽大地，使万物得到生长繁衍。土地山川的双重属性，使其成为天与人之间的沟通者。人类通过祭祀土地山川与天沟通，希望得到天的认可与保护。若是出现灾异，君主会祭祀土地山川，向天请罪。人类祭祀土地山川也有向自然界表示感恩之意，古人对于自然界的赐予是心怀感恩的。在他们的心目中，天并不是人类可以予取予求的，需要通过修德性、行正道，才能获得天的恩赐。倘若人类的行为失德，违背正道，天是会降灾惩罚人类的。因此，古人又对天充满了敬畏。从自然的角度看，土地山川帮助天生养人类；从社会的角度看，土地山川又成为神性象征，参与人类的政治生活。土地山川将天与人类紧紧地联系在一起，“天人合一”的思想在现实生活中得以展现与深化，朴素的生态思想就蕴含在其中。

董仲舒的这种蕴含生态意蕴的“天人合一”观

念，虽然具有浓重的原始宗教的色彩，选择祭祀的方式在今天也被视作迷信活动，但这种观念却具有深刻的生态意义。人类只有懂得感恩自然，才能够真正地保护自然。目前人类所面临的生态危机与人类的不懂节制、不知感恩、予取予求有很大的关系。要想解决生态危机，人类必须对自然怀有敬畏，才能够约束自己，停止或者减少对自然的破坏。而自然界已经用它的方式（各种生态危机）惩罚人类对于自然的破坏，告诫人类：对于自然，人类并不是主宰。

董仲舒承认土地山川是生命性的存在，并赋予其神性、伦理性、政治性的意义，通过祭祀土地山川与天沟通，彰显了土地山川“生万物，居人民”“助天宣气布功”的生态作用，将土地山川纳入道德共同体的范围之中，具象、深化了“天人合一”思想，具有深刻的生态意义。这样的土地山川观有助于人类反思目前对土地山川的利用强度，有助于减少对土地的过度开发，减少山林河泽被破坏、污染，进而改善人类赖以生存的土地山川的生态环境，并为保护土地山川提供一种理论思维。这就是董仲舒生态德性论关于土地山川的生态意义之所在。

总之，董仲舒认为自然界的动物、植物、土地、山川等都是有生命的存在，人作为自然的一员，应当道德地对待这些有生命的存在，也就是“泛爱群生”。将动物、植物、土地、山川等纳入道德共同体之中是董仲舒生态德性论的重要内容与特点。

第五章 董仲舒的生态实践论

董仲舒的生态实践论建立在“顺时而为”的基础上，主要体现在现实的农业生产与祭祀活动中。

第一节 顺时而为

儒家所讲的“时”有时间、季节的意义，但不是其本质内涵，儒家“时”的概念要远远大于现代“时间”的概念。

儒家的“时”是天道的表现。孔子说，四时运行，万物生出，天道就体现出来：“天何言哉？四时行焉，百物生焉，天何言哉？”[①]朱熹注云：“四时行，百物生，莫非天理发见流行之实，不待言而可见。”[②]“时”是天理流行的现实表现，这是儒家“时”的第一层含义。儒家文化中的“时”还指天道运行的秩序、法则，即董仲舒所说的“天之道，有序

① ［宋］朱熹：《四书章句集注》，北京：中华书局，1983年，第180页。

② ［宋］朱熹：《四书章句集注》，北京：中华书局，1983年，第180页。

而时”。[1]自然的运行是按照时的秩序与法则而进行的。春爱夏乐，秋严冬哀。这个法则又可以表述为春生、夏养、秋杀、冬藏。董仲舒说：

春爱志也，夏乐志也，秋严志也，冬哀志也。故爱而有严，乐而有哀，四时之则也。[2]

春暖以生，夏暑以养，秋清以杀，冬寒以藏。[3]

以上是“时”的自然含义，“时”还具有人文含义。在“天人合一”的统摄下，“时”作为天道秩序与人道秩序是紧密相连的，古人根据“时”制定政策、法令。正因如此，儒家的典籍中有“时令”之说，“天子乃与公卿大夫共饬国典，论时令，以待来岁之宜。”[4]董仲舒认为天有四时，即春、夏、秋、冬；人有四政，即庆、赏、罚、刑。四时与四政相通、相应。庆贺对应春季，重赏对应夏季，惩罚对应

① ［清］苏舆：《春秋繁露义证》，钟哲点校，北京：中华书局，1992年，第333页。

② ［清］苏舆：《春秋繁露义证》，钟哲点校，北京：中华书局，1992年，第335页。

③ ［清］苏舆：《春秋繁露义证》，钟哲点校，北京：中华书局，1992年，第353页。

④ ［清］阮元：《十三经注疏》，［汉］郑玄注、［唐］孔颖达等正义：《礼记正义》，北京：中华书局，1980年，第1384页。

秋季，刑戮对应冬季。庆赏罚刑不能不具备，就像春夏秋冬不能不具备一样。赏赐刑罚应当出现的地方就好像暖热清寒应当出现的时候一样。庆、赏、罚、刑有各自适用的地方，春、夏、秋、冬也有各自的时间。四政不能相互干扰，就像四时不能相互干扰。四政不可以交换位置，就像四时不能交换位置。董仲舒说：

天有四时，王有四政，四政若四时，通类也，天人所同有也。庆为春，赏为夏，罚为秋，刑为冬。庆赏罚刑之不可不具也，如春夏秋冬不可不备也。庆赏罚刑当其处，不可不发，若暖暑清寒当其时，不可不出也。庆赏罚刑各有正处，如春夏秋冬各有时也。四政者，不可以相干也，犹四时不可相干也。四政者，不可以易处也，犹四时不可易处也。[①]

古人根据时节、气候制定政令，在不同的时节颁布、执行不同的政令，对植物影响甚大。《礼记·月令》中根据物候特征对农事颁行明确的政令。

---

① ［清］苏舆：《春秋繁露义证》，钟哲点校，北京：中华书局，1992年，第353—354页。

表5-1　月令中的物候与植物政令

时节	物候特征	关于农事（植物）的政令
孟春	东风解冻、蛰虫始振、鱼上冰、獭祭鱼、鸿雁来、天气下降、地气上腾、天地和同、草木萌动	王命布农事、五谷所殖，命祀山林川泽、禁止伐木
仲春	始雨水、桃始华、仓庚鸣、鹰化为鸠、日夜分、雷乃发声、始电、蛰虫咸动、启户始出	毋作大事，以妨农之事；毋焚山林
季春	桐始华、田鼠化为鴽、虹始见、萍始生、生气方盛、阳气发泄、句者毕出、萌者尽达、不可以内	命野虞无伐桑柘
孟夏	蝼蝈鸣、蚯蚓出、王瓜生、苦菜秀	毋伐大树；命野虞出行田原，为天子劳农劝民，毋或失时；命司徒巡行县鄙，命农勉作，毋休于都；驱兽毋害五谷；农乃登麦

（续表）

时节	物候特征	关于农事（植物）的政令
仲夏	小暑至、螳螂生、鵙始鸣、反舌无声、鹿角解、蝉始鸣、半夏生、木堇荣、日长至、阴阳争、死生分	乃命百县，雩祀百辟卿士有益于民者，以祈谷实；农乃登黍；令民毋艾蓝以染，毋烧灰
季夏	温风始至、蟋蟀居壁、鹰乃学习、腐草为萤、土润溽暑、大雨时行	命泽人纳材苇；树木方盛，乃命虞人入山行木，毋有斩伐
孟秋	凉风至、白露降、寒蝉鸣、鹰乃祭鸟、用始行戮	农乃登谷
仲秋	盲风至、鸿雁来、玄鸟归、群鸟养羞、日夜分、雷始收声、蛰虫坏户、杀气浸盛、阳气日衰、水始涸	务畜菜，多积聚；乃劝种麦，毋或失时
季秋	鸿雁来宾、爵（雀）入大水为蛤、鞠有黄华、豺乃祭兽戮禽	农事备收，举五谷之要，藏帝藉之收于神仓，祇敬必饬；草木黄落，乃伐薪为炭

（续表）

时节	物候特征	关于农事（植物）的政令
孟冬	水始冰、地始冻、雉入大水为蜃、虹藏不见、天气上腾、地气下降、天地不通、闭塞而成冬	
仲冬	冰益壮、地始坼、鹖旦不鸣、虎始交、日短至、阴阳争、诸生荡、芸始生、荔挺出、蚯蚓结、麋角解、水泉动	山林薮泽，有能取蔬食；伐木，取竹箭
季冬	雁北乡、鹊始巢、雉雊、鸡乳、冰方盛、水泽腹坚	命农计耦耕事，修耒耜，具田器；乃命四监收秩薪柴，以共郊庙及百祀之薪燎

董仲舒吸收《礼记·月令》中物候学的思想内容，详细地解释了植物与四时政令的关系，强调植物的生长受到物候、政令的双重影响。董仲舒着重论述了不按照物候特点而行政令的危害：

春，阳气微，万物柔[1]易，移弱可化，于时阴气为

① 苏舆言“柔字疑当在弱上”。

贼，故王者钦。钦不以议阴事，然后万物遂生，而木可曲直也。春行秋政，则草木凋；行冬政，则雪；行夏政，则杀。春失政则。①

春季阳气微弱，万物容易移植，柔弱可以变化，这个季节阴气会伤害万物，所以君主要重视它。重视不讨论有关阴气的事情，然后万物便能生长出来，木可曲可直。若春季实行秋季的政令，就会草木凋零；实行冬天的政令，就会春季下雪；实行夏季的政令，就会伤害万物，春季失去了政令的标准。

秋，气始杀，王者行小刑罚，民不犯则礼义成。于时阳气为贼，故王者辅以官牧之事，然后万物成熟。秋，草木不荣华，金从革也。秋行春政，则华；行夏政，则乔；行冬政，则落。秋失政，则春大风不解，雷不发声。②

秋季阳气开始减弱，君主施行轻的刑罚，百姓不

① ［清］苏舆：《春秋繁露义证》，钟哲点校，北京：中华书局，1992年，第392页。

② ［清］苏舆：《春秋繁露义证》，钟哲点校，北京：中华书局，1992年，第392—393页。

触犯法律，则礼义得以成就。此时阳气为害，所以君主以官吏治理政事辅助自己，此后万物成熟。秋天草木不开花，是因为金具有能柔能刚、变革、肃杀的属性。若秋季实行春季的政令，就会草木开花；若实行夏季的政令，就会树木高耸；若实行冬季政令，就会草木凋零。秋季施政有误，到了春季就会大风不断，雷不发出声音。

夏，阳气始盛，万物兆长，王者不揜明，则道不退塞。而夏至之后，大暑隆，万物茂育怀任，王者恐明不知贤不肖，分明白黑。于时，寒为贼，故王者辅以赏赐之事，然后夏草木不霜，火炎上也。夏行春政，则风；行秋政，则水；行冬政，则落。夏失政，则冬不冻冰，五谷不藏，大寒不解。[①]

夏季阳气开始盛行，万物繁茂地生长，君主圣明，王道就不会闭塞。夏至之后，暑气旺盛，万物茂盛、繁殖后代。此时寒冷危害万物，所以君主用赏赐的方法辅助自己，然后在夏季草木不受霜的侵害，火

① ［清］苏舆：《春秋繁露义证》，钟哲点校，北京：中华书局，1992年，第393页。

能向上焚烧。若夏季实行春季的政令，就会刮风；若实行秋季的政令，就会发洪水；若实行冬季的政令，就会草木凋零。夏季施政有误，到了冬季就会不结冰，五谷不能储藏，严寒不能解除。

冬，阴气始盛，草木必死，王者能闻事审谋虑之，则不侵伐。不侵伐且杀，则死者不恨，生者不怨。冬日至之后，大寒降，万物藏于下。于时，暑为贼，故王者辅之以急断之事，以水润下也。冬行春政，则蒸；行夏政，则雷；行秋政，则旱。冬失政，则夏草木不实，霜，五谷疾枯。[①]

冬季阴气开始盛行，草木一定死亡，君王听政能够谨慎谋划思虑，就不会发生侵略征伐的战争。不发生侵略、攻伐和杀戮，那么死去的人就不会有遗憾，活着的人也不会有怨恨。冬至日之后，大寒降临，万物藏匿于下方。此时暑热为害，所以君王用紧急决断的事辅助自己，因为水是向下润泽的。若冬季实行春季的政令，地气就会往上蒸发；若实行夏季的政令，

---

① ［清］苏舆：《春秋繁露义证》，钟哲点校，北京：中华书局，1992年，第393页。

就会打雷；若实行秋季的政令，就会发生干旱。冬季施政有误，则夏季草木不结果实。下霜，五谷很快地枯萎。

此外，《春秋繁露》中还有“不夺民时”“时则岁美”“不时则岁恶”等有关“时”的论述。董仲舒认为，人类的一切行为都应当顺时而为，只有这样才能够达成人与自然、人与人的和谐。笔者将董仲舒关于“时”的论述总结为“顺时而为”，即人的活动应当参考“时”，顺应“时”做事，避免行不时之事，如此才能达到“天人合一”的境界。“顺时而为”是“天人合一”的内在要求，也是“天人合一”的外在表现；“顺时而为”是建立和谐统一的人与自然关系的基础。

第二节 董仲舒的生态实践论

董仲舒的生态实践论建立在其“顺时而为”的思想之上，强调“时”的重要意义。董仲舒思想中有两方面重要的生态实践，一是农业生产方面的生态实践，另一个是祭祀的生态实践。

五帝三王之治天下，不敢有君民之心。什一而税。教以爱，使以忠，敬长老，亲亲而尊尊，不夺民时，使民不过岁三日。民家给人足，无怨望忿怒之患，强弱之难，无谗贼妒疾之人。民修德而美好，被发衔哺而游，不慕富贵，耻恶不犯。父不哭子，兄不哭弟。毒虫不螫，猛兽不搏，抵虫不触。故天为之下甘露，朱草生，醴泉出，风雨时，嘉禾兴，凤凰麒麟游于郊。囹圄空虚，画衣裳而民不犯。四夷传译而朝。民情至朴而不文。郊天祀地，秩山川，以时至，封于泰山，禅于梁父，立明堂，宗祀先帝，以祖配天，天下诸侯各以其职来祭。贡土地所有，先以入宗庙，端冕盛服而后见先。德恩之报，奉先之应也。[①]

五帝三王治理天下时，不敢存有统治百姓的思想。那时只抽十分之一的税。用博爱的思想教化百姓，用忠诚的思想使用人，教导百姓尊敬年长的人，亲近亲人，尊敬尊贵的人，不影响百姓农耕的时间，使役百姓每年不超过三天。百姓家家丰衣足食，没有

---

① ［清］苏舆：《春秋繁露义证》，钟哲点校，北京：中华书局，1992年，第101—105页。

愤恨责怨的忧患，没有以强凌弱的灾难，没有专门讲别人坏话、伤害别人和嫉妒人的人。百姓都修养德行因而行为美好，披散头发、口中含着食物与人交游，不羡慕富贵，羞耻、罪恶之事不会去违犯。父亲不因孩子夭亡而哭泣，兄长不因弟弟命丧而哀哭。毒虫不侵害人，猛兽不攻击人，凶猛的鸟类不伤害人。所以普天之下都降下丰沛的雨水，红色的草生出，醴泉涌出，刮风下雨应时，庄稼生长茂盛，凤凰麒麟在郊外游走。监狱里空无一人，只要在衣服上画上羞辱的记号，百姓就不再触犯刑律。四周各部落都互相传递信息前来朝拜。民情朴实而不过分装饰。祭祀天地，望秩山川，按时前往泰山、梁父祭祀。建立太庙，祭祀先代帝王，用祖先匹配上天，天下各诸侯依据自己的封爵身份前来祭祀。贡奉自己领地内的产品，首先要进入宗庙，戴好礼帽穿好衣服然后拜见祖先。报答祖先的恩德，尊奉祖先的回应暗示。董仲舒在这里总论了两方面的生态实践，下面我们来详细分析。

我们先来看农业生产方面的生态实践。古人十分重视农业生产，这在董仲舒的思想中有充分的体现。第一，设置了专门管理农业生产的职位，即司农。董仲舒说："司农者，田官也。"[①]司农即是教民众稼穑的农官。第二，要求上位者鼓励农业生产，董仲舒说："亲入南亩之中，观民垦草发淄，耕种五谷，积蓄有余，家给人足，仓库充实。"[②]第三，董仲舒十分重视民时，上位者不能轻易地占用民时。民时即农时，《管子·臣乘马》中说："彼王者不夺民时，故五谷兴丰。"[③]《史记·五帝本纪》中说："乃命羲、和，敬顺昊天，数法日月星辰，敬授民时。"[④]董仲舒认为，"不夺民时，使民不过岁三日"。[⑤]君主不夺民时，百姓才能够财用富足，国家才能够安定祥和。反之，会产生灾异，百姓生活困苦，国家难以安定。第四，董仲舒强调君主不能对百姓征收重税。农业生产是百姓主要的生活来源，国君不能够借征税夺取百姓的财用。公羊学认为合理的征税应该是什一而税。

---

① ［清］苏舆：《春秋繁露义证》，钟哲点校，北京：中华书局，1992年，第366页。
② ［清］苏舆：《春秋繁露义证》，钟哲点校，北京：中华书局，1992年，第363页。
③ ［清］黎翔凤：《管子校注》，北京：中华书局，2004年，第1227页。
④ ［西汉］司马迁：《史记》，北京：中华书局，1982年，第16页。
⑤ ［清］苏舆：《春秋繁露义证》，钟哲点校，北京：中华书局，1992年，第102页。

《公羊传》说："什一者，天下之中正也。"[①]董仲舒认为赋敛无度是夺民财，徭役多发是夺民时，作事无极是夺民力，这样就会使百姓生活困苦，最后叛离国家。董仲舒说：

大为宫室，多为台榭，雕文刻镂，五色成光。赋敛无度，以夺民财；多发徭役，以夺民时，作事无极，以夺民力。百姓愁苦，叛去其国，楚灵王是也。[②]

大兴土工、雕琢刻镂要征用大量的劳动力，是伤农之事。《淮南子》中说："夫雕琢刻镂，伤农事者也。"[③]

"什一之税"实际上说的是三王时期实行的"井田制"税率。"井田制"产生于何时？金景芳在其《井田制的发生和发展》一文中认为"中国的井田制应产生于原始社会末期"。[④]朱熹认为井田制始于商

① ［清］阮元：《十三经注疏》，［东汉］何休注、［唐］徐彦疏：《春秋公羊传注疏》，北京：中华书局，1980年，第2287页。
② ［清］苏舆：《春秋繁露义证》，钟哲点校，北京：中华书局，1992年，第369页。
③ 何宁撰：《淮南子集释》，北京：中华书局，1998年，第824页。
④ 金景芳：《井田制的发生和发展》，《历史研究》，1965年第4期。

朝，“商人始为井田之制”。[①]“井田”的说法最早见于《春秋谷梁传·宣公十五年》：“古者三百步为里，名曰‘井田’。井田者，九百亩，公田居一。私田稼不善，则非吏；公田稼不善，则非民。”[②]

夏商周三代的税制分别称为贡、助和彻。《孟子·滕文公上》记载：“夏后氏五十而贡，殷人七十而助，周人百亩而彻，其实皆什一也。”[③]贡是夏朝采用的征税方式，贡是每户授田五十亩，而以五亩的收获为贡。“夏时一夫授田五十亩，而每夫计其五亩之入以为贡。”[④]商代开始实行井田制，称为助，具体是指以六百三十亩为单位，划分为九区，每区七十亩，中间的一区为公田，其他八区授予八家各自种植，公田则借助八家之力共同耕种，公田所获上缴，不再征收私田的税。“商人始为井田之制，以六百三十亩之地，画为九区，区七十亩。中为公田，其外八家各授

① ［宋］朱熹：《四书章句集注》，北京：中华书局，1983年，第254页。

② ［清］阮元：《十三经注疏》，［晋］范宁注、［唐］杨士勋疏：《春秋谷梁传注疏》，北京：中华书局，1980年，第2415页。

③ ［宋］朱熹：《四书章句集注》，北京：中华书局，1983年，第254页。

④ ［宋］朱熹：《四书章句集注》，北京：中华书局，1983年，第254页。

一区，但借其力以助耕公田，而不复税其私田。”[①]周朝时，一家授田百亩。都城以外的地区采用贡法，公卿、大夫、王亲子弟的采邑用助法，都是十分之一的税率，称为彻。“周时一夫授田百亩。乡遂用贡法，十夫有沟；都鄙用助法，八家同井。耕则通力而作，收则计亩而分，故谓之彻。”[②]

显而易见，贡法的税率为十分之一，而“助”从数字上推算应该是九分之一，却也称其为“什一之税”，这是为什么呢？原因在田中设有排水沟渠、道路等。以周朝为例，公田百亩，排除沟渠道路等占地，大约每户耕种公田的面积在十亩左右，因此税率也近似于十分之一。

周制则公田百亩，中以二十亩为庐舍，一夫所耕公田实计十亩。通私田百亩，为十一分而取其一，盖又轻于什一矣。窃料商制亦当似此，而以十四亩为庐舍，一夫实耕公田七亩，是亦不过什一也。[③]

① ［宋］朱熹撰：《四书章句集注》，北京：中华书局，1983年，第254页。
② ［宋］朱熹：《四书章句集注》，北京：中华书局，1983年，第254页。
③ ［宋］朱熹：《四书章句集注》，北京：中华书局，1983年，第254页。

孟子认为“什一而税”是尧舜之道，低于此税率的是大貉小貉之道，高于此税率的则是大桀小桀之道。董仲舒继承了孟子的这种观点，认为什一之税是最为合理的税法，高于十分之一是暴君夏桀、商纣的税法，低于十分之一则是未开化的蛮貉的税法。《公羊传》云：

古者什一而藉。古者曷为什一而藉？什一者，天下之中正也。多乎什一，大桀小桀；寡乎什一，大貉小貉。什一者，天下之中正也。什一行而颂声作矣。①

总而言之，董仲舒认为什一之税既能保证人民的生存，又能满足国家的需要，是最为公正合理的税法。五帝三王治理之下正是实行什一之税，使百姓能够安居乐业，生活富足。

以上是董仲舒思想中关于农业生产方面的生态实践。下面，我们来分析董仲舒思想中祭祀的生态实践。

祭祀是古人一项重要的实践活动。古人在固定的

---

① ［清］阮元：《十三经注疏》，［东汉］何休注、［唐］徐彦疏：《春秋公羊传注疏》，北京：中华书局，1980年，第2287页。

时间、地点要进行固定的祭祀活动。《春秋繁露》中有大量的关于祭祀的内容：

所闻古者天子之礼，莫重于郊。郊常以正月上辛者，所以先百神而最居前。礼，三年丧，不祭其先，而不敢废郊。郊重于宗庙，天尊于人也。《王制》曰："祭天地之牛茧栗，宗庙之牛握，宾客之牛尺。"此言德滋美而牲滋微也。《春秋》曰："鲁祭周公，用白牡。"色白、贵纯也。帝牲在涤三月。牲贵肥洁，而不贪其大也。凡养牲之道，务在肥洁而已。驹犊未能胜刍豢之食，莫如令食其母便。[①]

意思是说，古时候天子之礼仪，没有比郊祭更重要的。郊祭往往在正月的第一个辛日举行，是因为要将郊祭放在百神祭祀之前最先举行。礼制规定，三年守丧，可以不祭祀祖先，但是不敢废除郊祭。郊祭比祭祀祖先宗庙更重要，这是因为天比人尊贵。《礼记·王制》中说祭祀天地的牛，要选用牛角如茧、栗般大小的牛，即幼牛；祭祀宗庙的牛，要选用角四指

① ［清］苏舆：《春秋繁露义证》，钟哲点校，北京：中华书局，1992年，第414—415页。

握住不露的牛，即小牛；宴飨宾客用角尺把大小的牛。这是说德行越美好，所用的牲畜越小。《春秋》中记载了鲁国祭祀周公用白色的公牛。用纯白色的牛，是以纯色为尊贵的意思。祭祀天帝的牛要在涤宫喂养三个月。用来祭祀的牺牲贵在肥美清洁，而不贪求它体形大。喂养牺牲的原则，就是尽力追求它肥美洁净。年幼的牛马不能吃草或谷类的食物，不如让他们吃母乳方便。

董仲舒的这段话说明了两个问题：一是天子之礼中，郊祭最为重要，超过祭祀祖先宗庙。二是不同层次的祭祀所用的牺牲有各自的规定。

董仲舒也解释了周公本属诸侯为何能够享用天子之制的纯色牺牲，以及鲁国郊祭何以合乎礼：

武王崩，成王立而在襁褓之中，周公继文武之业，成二圣之功，德渐天地，泽被四海，故成王贤而贵之。《诗》云："无德不报。"故成王使祭周公以白牡，上不得与天子同色，下有异于诸侯。[①]

周公傅成王，成王遂及圣，功莫大于此。周公，

---

① ［清］苏舆：《春秋繁露义证》，钟哲点校，北京：中华书局，1992年，第415—417页。

圣人也，有祭于天道。故成王令鲁郊也。[1]

周公得以享用纯色牺牲，是因为周武王去世之后，彼时成王还是婴儿，虽被立为天子，实际上却是周公继承了文王、武王的大业，辅佐成王，完成了文、武两位圣王的功绩。周公的德行扩大到天地之间，恩泽遍及四海之内，所以成王认为周公贤能要尊敬他。《诗经》中说受人恩德不能不报，成王受周公的恩德，所以命鲁国用纯白色的牛祭祀周公，对上不僭越天子，不与天子用同样颜色的牛，对下又与其他诸侯相区别。

天子祭天，诸侯祭土，郊祭是祭天，鲁国郊祭合乎礼仪的原因是因为周公。周公辅佐成王，周成王最终得以成为圣王，没有比这个更大的功劳了。周公是圣人，所以可以享受郊祭，因此鲁国得以举行郊祭。

鲁国郊祭所用的牺牲是纯赤色的公牛。因为周朝以赤色为尊，鲁国是奉天子之命而郊祭，所以用赤色的公牛。“鲁郊用纯骍犅。周色上赤，鲁以天子命

---

① ［清］苏舆：《春秋繁露义证》，钟哲点校，北京：中华书局，1992年，第417页。

郊，故以骍。”①

除了郊祭，董仲舒在《春秋繁露》还详细论述了四时之祭：

五谷，食物之性也，天之所以为人赐也。宗庙上四时之所成，受赐而荐之宗庙，敬之性也，于祭之而宜矣。宗庙之祭，物之厚无上也。春上豆实，夏上尊实，秋上杭实，冬上敦实。豆实，韭也，春之所始生也。尊实，醴也，夏之所受初也。杭实，黍也，秋之所先成也。敦实，稻也，冬之所毕熟也。始生故曰祠，善其司也；夏约故曰礿，贵所受初也；先成故曰尝，尝言甘也；毕熟故曰蒸，蒸言众也。奉四时所受于天者而上之，为上祭，贵天赐且尊宗庙也。孔子受君赐则以祭，况受天赐乎？一年之中，天赐四至，至则上之，此宗庙所以岁四祭也。故君子未尝不食新，新天赐至，必先荐之，乃敢食之，尊天、敬宗庙之心也。尊天，美义也；敬宗庙，大礼也。②

古者岁四祭。四祭者，因四时之生孰，而祭其

---

① ［清］苏舆：《春秋繁露义证》，钟哲点校，北京：中华书局，1992年，第417页。

② ［清］苏舆：《春秋繁露义证》，钟哲点校，北京：中华书局，1992年，第439—441页。

先祖父母也。故春曰祠，夏曰礿，秋曰尝，冬曰蒸。此言不失其时，以奉祭先祖也。过时不祭，则失为人子之道也。祠者，以正月始食韭也；礿者，以四月食麦也；尝者，以七月尝黍稷也；蒸者，以十月进初稻也。此天之经也，地之义也。孝子孝妇，缘天之时，因地之利。地之菜茹瓜果，艺之稻麦黍稷，菜生谷熟，永思吉日，供具祭物，斋戒沐浴，洁清致敬，祀其先祖父母。孝子孝妇不使时过，已处之以爱敬，行之以恭让，亦殆免于罪矣。①

董仲舒认为五谷作为粮食，是天赐予人类的。因此人类在宗庙中供奉四季长成的植物，以示尊敬。春季所用的祭品称为“豆实”，夏季称为“尊实”，冬季称为“机实”，冬季称为“敦实”。“豆实”指韭菜，“尊实”指煮熟的麦子，“机实”指黍，“敦实”指稻米。春季的祭祀称为“祠”，夏季的称为“礿”，秋季的称为“尝”，冬季的称为“蒸”。人类供奉四季获得的粮食，表达了人类对上天的感激和重视，也表达了对宗庙的尊敬。一年之中，上天的恩

① ［清］苏舆：《春秋繁露义证》，钟哲点校，北京：中华书局，1992年，第406—408页。

赐有四次，每次获得恩赐就在宗庙中供奉，因此每年宗庙中要举行“祠”“礿”“尝”“蒸”四次祭祀。新获得天赐的食物，首先要供奉宗庙，然后国君才敢自己食用，以表达对天与宗庙的尊敬。可见，植物与祭祀密不可分，人类用上天恩赐的粮食祭祀宗庙，以表达感恩之情。

人类借助祭祀表达自己对于天地（自然）的感情，各种牺牲、植物在祭祀活动中实际上是沟通人与天（自然）或鬼神的桥梁，是人类感情的载体。人类借助牺牲、植物在不同的祭祀中或向天（自然）表示感谢，或向先人表示尊敬。

除了在固定的时间进行固定的祭祀之外，古人在遇到水旱之灾的时候往往会进行祭祀来止雨或求雨。《春秋繁露》中记载了止雨之祭的具体仪式：

雨太多，令县邑以土日，塞水渎，绝道，盖井，禁妇人不得行入市。令县乡里皆扫社下。县邑若丞、令史、啬夫三人以上，祝一人；乡啬夫若吏三人以上，祝一人；里正父老三人以上，祝一人，皆斋三日，各衣时衣。具豚一，黍盐美酒财足，祭社。击鼓三日，而祝。先再拜，乃跪陈，陈已，复再拜，乃起。祝曰："嗟！天生五谷以养人，今淫雨太多，五谷不和。敬进肥牲清酒，以请社灵，幸为止雨，除民所苦，无使阴灭阳。阴灭阳，不顺于天。天之常意，在于利人，人愿止雨，敢告于社。"鼓而无歌，至罢乃止。①

止雨祭祀的第一项内容是在土日阻塞水沟，封锁道路，遮盖水井，禁止妇人进入街市。第二项内容是选择进行祭祀的人员：县邑用丞、令史、啬夫三人以上，男巫一人；乡用啬夫三人以上，男巫一人；里正用父老三人以上，男巫一人。这些人要先斋戒三日，然后各自穿好合时令的衣服。第三项内容是准备一只小猪，足够的黍米、盐、美酒，一起祭祀社神。祭祀社神具体的做法是：击鼓三天，然后祈祷。先拜两拜，然后跪着陈说祝词，说完祝词，再拜两次，才能起身。击鼓却不唱歌，直到祭祀结束才能停止击鼓。

《春秋繁露》中还记载了求雨的生态实践：

春旱求雨，令县邑以水日祷社稷山川，家人祀户。无伐名木，无斩山林。暴巫，聚尪。八日。于

---

① ［清］苏舆：《春秋繁露义证》，钟哲点校，北京：中华书局，1992年，第437—438页。

邑东门之外为四通之坛，方八尺，植苍缯八。其神共工，祭之以生鱼八，玄酒，具清酒、膊脯。择巫之洁清辩利者以为祝。祝斋三日，服苍衣，先再拜，乃跪陈，陈已，复再拜，乃起。祝曰："昊天生五谷以养人，今五谷病旱，恐不成实，敬进清酒、膊脯，再拜请雨，雨幸大澍。"即奉牲祷，以甲乙日为大苍龙一，长八丈，居中央。为小龙七，各长四丈，于东方。皆东乡，其间相去八尺。小童八人，皆斋三日，服青衣而舞之。田啬夫亦斋三日，服青衣而立之。凿社，通之于闾外之沟，取五虾蟇，错置社之中。池方八尺，深一尺，置水虾蟇焉。具清酒、膊脯，祝斋三日，服苍衣，拜跪，陈祝如初。取三岁雄鸡与三岁猳猪，皆燔之于四通神宇。令民阖邑里南门，置水其外。开邑里北门，具老猳猪一，置之于里北门之外。市中亦置猳猪一，闻鼓声，皆烧猳猪尾。取死人骨埋之，开山渊，积薪而燔之。通道桥之壅塞不行者，决渎之。幸而得雨，报以豚一，酒、盐、黍财足，以茅为席，毋断。①

① ［清］苏舆：《春秋繁露义证》，钟哲点校，北京：中华书局，1992年，第426—430页。

春季干旱祈求下雨。让县邑中的大小官员、百姓在水日这一天向社稷、山川之神祈祷，家家祭祀户神。不要砍伐名贵的大树，不要乱砍滥伐山中的林木。让女巫暴晒在大阳光下，聚集畸形矮人。八天后，在城东门的外面，筑起可通四方的高祭坛，八尺见方，挂上八条深色缯帛。其中供奉共工神位，用八条活鱼和深黑色的酒祭祀，还要准备好清酒，铺晒好的肉干。选择女巫中洁净、口齿伶俐的做主祭人。主祭人要斋戒三天，穿深色的衣服，祭祀时主祭人要先拜两次，然后才跪下陈述叙说，叙说完再次拜两拜，才起身。主祭人说："昊天生五谷以养人，今五谷病旱，恐不成实，敬进清酒膊脯，再拜请雨。雨幸大澍。"随即献牺牲进行祈祷，在甲乙两天制作一条大苍龙，身长八丈，放在中间。制作七条小苍龙，身长各四丈，放在东方。全部头向东，中间相隔各八尺。小男孩八名，全部斋戒三天，穿青蓝色衣服并跳起舞蹈。耕田农夫也斋戒三天，穿青蓝色衣服，站在那里。凿通社庙和庙门之外的水沟，取来五只蛤蟆交错放置在社中。池子八尺见方，深一尺，放置水蛤蟆。备齐清酒、晒好的肉干，主祭人斋戒三天，穿深色衣服，拜后跪下，叙说祷词，如同开始时一样。取来三岁的雄鸡和三岁的公猪，全都烧烤好，放在通向四方的神庙中。让百姓关好城邑、闾里的南门，在门外放好水。打开城邑、闾里的北门，准备一头公猪，放在闾里北门之外。集市当中也放置一头公猪，听到击鼓的声音就烧烤公猪的尾部。取来死人尸骨掩埋好，打开山渊，堆上柴火烧烤。打通道路桥梁中堵塞不通的地方，决通河道不通畅的地方。有幸求得雨，就用一头猪回报上天；酒、盐、黍等财物充足，就用茅草编织成席，不要折断。

夏求雨。令县邑以水日，家人祀灶。无举土功，更火浚井。暴釜于坛，臼杵于术，七日。为四通之坛于邑南门之外，方七尺，植赤缯七。其神蚩尤，祭之以赤雄鸡七，玄酒，具清酒、膊脯。祝斋三日，服赤衣，拜跪陈祝如春辞。以丙丁日为大赤龙一，长七丈，居中央。又为小龙六，各长三丈五尺，于南方。皆南乡，其间相去七尺。壮者七人，皆斋三日，服赤衣而舞之。司空啬夫亦斋三日，服赤衣而立之。凿社，而通之闾外之沟。取五虾蟇，错置里社之中，池方七尺，深一尺。具酒脯，祝斋，衣赤衣，拜跪陈祝如初。取三岁雄鸡、豭猪，燔之四通神宇，开阴闭阳如春也。[1]

夏季求雨。让县邑在水日祭祀，各家的人祭祀灶神。不要兴土木，更换井水，疏浚水井。在祭坛上暴晒铁锅，在大道上暴晒木棒和臼，进行七天。在城邑的南门外修造通向四方的土坛，七尺见方，挂上七条赤色缯帛。供蚩尤神，用七只赤色雄鸡、深色的酒来祭祀，准备好清酒、肉干。主祭人斋戒三天，穿赤色衣服，拜后跪下陈述如春季求雨同样的词语。在丙丁两天做一条大赤龙，身长七丈，放在中央。又准备六条小龙，各自身长三丈五尺，放在南方。全部头向南，龙和龙之间相距七尺。七名年壮的人，全部斋戒三天，穿上赤色的衣服舞蹈。主管水利的乡官也斋戒三天，穿上赤色衣服站在那里。凿通社庙和闾门沟外相通的水沟。取五只蛤蟆，交错放置在社庙中，水池七尺见方，深一尺。准备酒和肉干，主祭人斋戒，穿上赤色的衣服，拜后跪下陈述主祭人前面的祝词。取来三岁雄鸡、公猪，在通向四方的神庙中烧烤。如此会开放阴气、关闭阳气如同春天一样。

---

① ［清］苏舆：《春秋繁露义证》，钟哲点校，北京：中华书局，1992年，第430—432页。

季夏祷山陵以助之。令县邑十日壹徙市于邑南门之外。五日禁男子无得行入市。家人祠中溜。无举土功，聚巫市傍，为之结盖。为四通之坛于中央，植黄缯五。其神后稷，祭之以母肫五，玄酒，具清酒、膊脯。令各为祝斋三日，衣黄衣，皆如春祠。以戊己日为大黄龙一，长五丈，居中央。又为小龙四，各长二丈五尺，于南方。皆南乡，其间相去五尺。丈夫五人，皆斋三日，服黄衣而舞之。老者五人，亦斋三日，衣黄衣而立之。亦通社中于闾外之沟，虾蟇池方五尺，深一尺，他皆如前。①

夏末祈祷山陵以帮助求雨。让城邑中人十天之内统一调迁集市到城邑的南门之外。五天内禁止男子进入集市。各家的人祭祀中溜神。不兴土木工程，将女巫集合在集市场院，替她们系好顶盖。在中央修建通向四方的高坛，挂上五条黄色缯帛。其中供后稷神，用五头母猪、深色的酒祭祀，准备好清酒、肉干。令各个主祭人斋戒三天，穿黄色的衣服，一切和春季祭祀求雨相同。在戊己两天做一条大黄龙，身长五丈，

① ［清］苏舆：《春秋繁露义证》，钟哲点校，北京：中华书局，1992年，第432—434页。

放置在中央。又准备四条小龙，各长二丈五尺，放置在南方。全部头向南，它们之间的间隔是五尺。男子五人，全部斋戒三天，穿黄色衣起舞。老人五名，也斋戒三天，穿黄色的衣服站在那里。也凿通社庙中到闾门之外的水沟，蛤蟆池五尺见方，深一尺。其余如同春季求雨的祭祀。

秋暴巫尪至九日，无举火事，无煎金器，家人祠门。为四通之坛于邑西门之外，方九尺，植白缯九。其神少昊，祭之以桐木鱼九，玄酒，具清酒、膊脯。衣白衣，他如春。以庚辛日为大白龙一，长九丈，居中央。为小龙八，各长四丈五尺，于西方。皆西乡，其间相去九尺。鳏者九人，皆斋三日，服白衣而舞之。司马亦斋三日，衣白衣而立之。虾蟇池方九尺，深一尺。他皆如前。[①]

秋天求雨，暴晒女巫九日，不生火煮饭，不熔炼金属器具，各家的人祭祀门神。在西门外边修建通向四方的祭坛，九尺见方，挂九条白色缯帛。其中供少

① ［清］苏舆：《春秋繁露义证》，钟哲点校，北京：中华书局，1992年，第434—435页。

昊神，用九条桐木鱼、深色的酒祭祀，准备好清酒、肉干。穿白色的衣服，其他的如同春季的祭祀。在庚辛两天做一条大的白龙，身长九尺，放在中央。准备八条小龙，各自长四丈五尺，放置在西方。全部头向西，龙和龙之间相距九尺。老单身汉九人，全部斋戒三日，穿白色的衣服起舞。主管军政的司马也斋戒三天，穿白色衣服并站在那里。蛤蟆池九尺见方，深一尺。其他的如同春季求雨的祭祀。

冬舞龙六日，祷于名山以助之。家人祠井，无壅水，为四通之坛于邑北门之外，方六尺，植黑缯六。其神玄冥，祭之以黑狗子六，玄酒，具清酒、膊脯。祝斋三日，衣黑衣，祝礼如春。以壬癸日为大黑龙一，长六丈，居中央。又为小龙五，各长三丈，于北方。皆北乡，其间相去六尺。老者六人，皆斋三日，衣黑衣而舞之。尉亦斋三日，服黑衣而立之。虾蟇、池皆如春。①

冬季求雨，舞龙六天，在名山祈祷以帮助求雨。

---

① ［清］苏舆：《春秋繁露义证》，钟哲点校，北京：中华书局，1992年，第435—436页。

各家的人祭祀井神，不要堵塞流水。在北门外修建通向四方的祭坛，六尺见方，悬挂六条黑色缯帛。其中供玄冥神，用六条小黑狗、深色的酒祭祀，准备好清酒、肉干。主祭人斋戒三天，穿黑色衣服，祭祀礼仪和春季相同。在壬癸两天做一条大黑龙，长六丈，放置在中央。再准备五条小龙，各自身长三丈，放置在北方。全部头向北，中间距离六尺。老人六名，全部斋戒三天，穿黑色衣服起舞。武尉也斋戒三天，穿黑色衣服并站在那里。蛤蟆池和春祭相同。

四时皆以水日，为龙，必取洁土为之，结盖，龙成而发之。四时皆以庚子之日，令吏民夫妇皆偶处。凡求雨之大体，丈夫欲藏匿，女子欲和而乐。[①]

四季求雨全在水日，制作龙，一定取用洁净的土制造，系上顶盖，龙制成后打开顶盖。四季全在庚子之日，让官吏、百姓夫妇全都成双相处。凡是求雨的重要时刻，男子要藏匿起来，女子要和谐而作乐。

古人在求雨的时候，祈祷于山川，是因为古人

① ［清］苏舆：《春秋繁露义证》，钟哲点校，北京：中华书局，1992年，第436—437页。

认为山川能够出云生雨，能够润泽大地。山川“助天宣气布功”，即帮助天散气从而传播天之功。“宣气”是山川的功能，山川“宣气”会出云生雨，润泽大地。山川“宣气布功”的过程是：气触到山石而升腾形成云，云气一点一点汇聚，最后形成降雨。在所有山中，泰山之功最大，原因在于其不用一个早晨就能够降雨水于天下。水也能通气致雨。在水系中，黄河、东海的功绩最大。《公羊传·僖公三十一年》记载：“山川有能润于百里者，天子秩而祭之。触石而出，肤寸而合，不崇朝而徧雨乎天下者，唯泰山尔。河海润于千里。”何休注：“此皆助天宣气布功，故祭天及之。秩者，随其大小尊卑高下所宜。”①

说山川“助天宣气布功”，是中国哲学中特有的表达。这一点也是董仲舒生态思想的重要内容。西方生态哲学家认识到山川的生命力，承认山川与动物、植物、微生物之间相互作用，但未能认识到山川导气的功能。用现代语言表述，山川“助天宣气布功”，实际上表达的是山川对于气候的作用。山川能够影响气候，这点是毋庸置疑的。我国著名的地理坐标——

① ［清］阮元：《十三经注疏》，［东汉］何休注、［唐］徐彦疏：《春秋公羊传注疏》，北京：中华书局，1980年，第2263页。

“秦岭—淮河”一线的南北两侧的气候差异极大，“世界屋脊”喜马拉雅山南北两麓也有截然不同的气候，这些都证明了山川对于气候的影响。而之所以会产生这种影响，正是因为山川的导气功能。所以，在董仲舒的思想中，想求雨就要借助山川的帮助，并且要注意保护山林。董仲舒还认为水属阴，雨多则意味着阴盛，女子也属阴，因此，在雨多的时候，女子要避而不出。需要止雨的时候，人们会祭祀社神。社，是土地之神。而在五行之中，土与水的关系，是土克水。因此，雨水过多的时候，人们就会向能够克制水的社神祷告。

董仲舒所描述的求雨或者止雨的祭祀，实际上是借助人为活动的干涉使阴阳发生变化，从而影响雨水的多少的行为。这种生态实践存在缺陷或者不合理的地方，但是也存在科学合理的内容。例如，求雨的时候，非常重视山林，不能随意砍伐树木，可见古人已经认识到山林对于大气循环的重要意义。也许他们没有科学地解释山林在大气循环中的作用，但是已经通过生态实践突出了山林在保持水土与参与大气循环中的重要作用。

董仲舒生态思想的核心是“天人合一”，在此基础上，董仲舒以“阴阳运行”“五行生变”为运行机制，以“泛爱群生”为道德准则，以“顺时而为”为实践基础，建立起自己从思想到实践的“天人之际，合而为一”的生态思想体系。董仲舒的生态思想对后人影响深远，在儒家生态思想的发展过程中占据了重要地位。

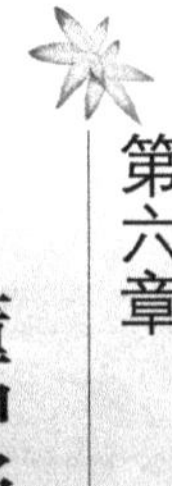

第六章

董仲舒灾异论的生态意义

灾异论是董仲舒思想中一个重要的内容，也是早期学者所批判的对象。然而笔者从生态哲学的角度，重新审视董仲舒的灾异论，发现其中蕴含着一定的生态意义。

第一节

董仲舒灾异论的特点

“灾”在史料中也写作巛、災、烖等。从灾字的衍化看，最初的灾是从水部，指的是水灾，如[illegible]、[illegible]、[illegible]。“最早的‘灾’源自卜辞，是水的横写，是象形字，有恣意横流、左冲右撞之意；第二个‘灾’是个象意字，在‘川’的三道之间有两斜横，意为川被横断，造成水灾；第三个‘灾’是形声字，‘川’字中间一竖变成‘才’字做声符，显然是个后起字。但不管怎样，‘灾’字都是源于水，没有源自火的。”[①]“巛”是灾字较为原初的字形，《说文解字》中解释说：“巛，害也。从一雝川。《春秋传》曰：

① 刘绍义：《水流成患自成“灾”》，《水利天地》，2014年第8期。

‘川雝为泽，凶。’”[①]后来灾的字形不断改变，字形中出现了“火”部，灾的内涵也不断变化，有时指水火之患，《周礼·春官·大司乐》：“大烖。”[②]郑玄注云：“烖，水火也。”[③]有时单指火灾，《左传》认为非人为的起火称为灾，人为的起火称为火，《左传·宣公十六年》云：“凡火，人火曰火，天火曰灾。”[④]《公羊传》则认为大火称为灾，小火称为火，《公羊传·襄公九年》：“大者曰灾，小者火。”[⑤]《谷梁传》则认为在国都发生的火灾称为灾，邑中发生的称为火，《谷梁传·昭公九年》：“国曰灾，邑曰火。”[⑥]而后，灾的含义进一步扩大，统称一切灾害，《尚书·舜典》：“眚灾肆赦。”[⑦]孔安国传云：

---

① ［清］段玉裁注：《说文解字注》，上海：上海古籍出版社，1981年，第569页。

② ［清］阮元：《十三经注疏》，［汉］郑玄注、［唐］贾公彦疏：《周礼注疏》，北京：中华书局，1980年，第791页。

③ ［清］阮元：《十三经注疏》，［汉］郑玄注、［唐］贾公彦疏：《周礼注疏》，北京：中华书局，1980年，第791页。

④ ［清］阮元：《十三经注疏》，［晋］杜预注、［唐］孔颖达等正义：《春秋左传正义》，北京：中华书局，1980年，第1888页。

⑤ ［清］阮元：《十三经注疏》，［东汉］何休注、［唐］徐彦疏：《春秋公羊传注疏》，北京：中华书局，1980年，第2303页。

⑥ ［清］阮元：《十三经注疏》，［晋］范宁注、［唐］杨士勋疏：《春秋谷梁传注疏》，北京：中华书局，1980年，第2435页。

⑦ ［清］阮元：《十三经注疏》，［汉］孔安国传、［唐］孔颖达等正义：《尚书正义》，北京：中华书局，1980年，第128页。

“眚，过。灾，害。”[①]《周礼·春官·大祝》：“国有大故天裁，弥祀社稷祷祠。”郑玄注云：“大故，兵寇也。天裁，疫、疠、水、旱也。”[②]可见，灾已经变成对疫、疠、水、旱等各种灾害的统称。

“异”是与灾相对应的一个概念。异指的是奇怪的、不同寻常的事或现象。《释名》中云：“异者，异于常也。”《左传·昭公二十六年》：“据有异焉。”杜预注云：“异，犹怪也。”[③]董仲舒也将异释为奇怪的、非常的现象。而异与灾相反，异的出现是一种征兆，意味着有人要行不义之事，上天会在不义之事发生之前，显现异象，以作警诫。何休云：“异者，非常可怪。先事而至者。”[④]

灾与异之间有相似之处，也有不同之处。二者相同之处在于都是非常态的自然之事。若是这种非常态的自然之事对人或物造成了损害，就称其为“灾”；若是没有对人或物造成直接的损害，只是表现出不同

---

① ［清］阮元：《十三经注疏》，［汉］孔安国传、［唐］孔颖达等正义：《尚书正义》，北京：中华书局，1980年，第128页。
② ［清］阮元：《十三经注疏》，［汉］郑玄注、［唐］贾公彦疏：《周礼注疏》，北京：中华书局，1980年，第811页。
③ ［清］阮元：《十三经注疏》，［晋］杜预注、［唐］孔颖达等正义：《春秋左传正义》，北京：中华书局，1980年，第2113页。
④ ［清］阮元：《十三经注疏》，［东汉］何休注、［唐］徐彦疏：《春秋公羊传注疏》，北京：中华书局，1980年，第2203页。

寻常，则称为“异”。孔颖达云：“非常为异，害物为灾，此二事虽是天之变异，不见物被灾害，皆记异也。”[①]这是灾与异的第一个不同。在董仲舒的思想中，灾与异存在最根本的差异：灾是统治者不义之行的后果，异是一种告诫，告诫统治者改善德行，往往在不义之事发生之前出现。

对灾与异，董仲舒更重视异。《公羊传·定公元年》说：“异大乎灾也。”[②]董仲舒认为异是天对于人的告诫，灾是天对人的惩罚。注重异而不注重灾是因为上位者重视教化而轻视惩罚。何休说：“异者，所以为人戒也。重异不重灾，君子所以贵教化而贱刑罚也。”[③]因为异是先事而至，所以能够作为警诫，若人能够改变，天就不会伤害人与物。天以异戒人，就像君父教诫臣子。而灾是随事而至，灾已经伤害人与物，即使人改变自己的行为，天也不能收回，就像刑法实施，就无法更改了。而天之道更重视教化，董仲舒继承了《公羊传》的说法，更重视异。正因为如

---

① ［清］阮元：《十三经注疏》，［晋］杜预注、［唐］孔颖达等正义：《春秋左传正义》，北京：中华书局，1980年，第1765页。

② ［清］阮元：《十三经注疏》，［东汉］何休注、［唐］徐彦疏：《春秋公羊传注疏》，北京：中华书局，1980年版，第2335页。

③ ［清］阮元：《十三经注疏》，［东汉］何休注、［唐］徐彦疏：《春秋公羊传注疏》，北京：中华书局，1980年版，第2335页。

此，董仲舒把天地间的事物，发生了不寻常的变化叫作异，其中小的称为灾。而灾是上天对人的谴责，异是上天对人的威慑。他说："天地之物，有不常之变者，谓之异，小者谓之灾。"①

而异与灾之间存在着关联。董仲舒认为灾往往是先出现，然后异随之而来。

灾常先至而异乃随之。灾者，天之谴也；异者，天之威也。谴之而不知，乃畏之以威。《诗》云："畏天之威。"殆此谓也。②

董仲舒认为，灾异的产生都是因为国家的君主有过失。而君主的过失刚刚萌芽之时，上天就会降下灾害进行告诫；若上天告诫之后，不知改变，就会显现怪异之象使人惊惧害怕；若不知道畏惧，那么随之而来的就是衰败与灭亡。

凡灾异之本，尽生于国家之失。国家之失乃始萌

---

① ［清］苏舆：《春秋繁露义证》，钟哲点校，北京：中华书局，1992年版，第259页。
② ［清］苏舆：《春秋繁露义证》，钟哲点校，北京：中华书局，1992年版，第259页。

芽，而天出灾害以谴告之；谴告之而不知变，乃见怪异以惊骇之；惊骇之尚不知畏恐，其殃咎乃至。[①]

由以上可得出，董仲舒的关于灾异出现的逻辑顺序是：国家的君主出现过失，则出现灾；不思更改，进一步出现异；仍不更正，则殃咎降临。楚庄王曾因天没降灾，地上没有祸患，而向山川祷告，担心天没有指出他的过错，是否是要将他灭亡。董仲舒以此来证明异比灾更应值得让人重视。

董仲舒认为，通过灾异可以了解上天的意愿。上天的意愿有想要的，有不想要的。人们要在内心自我反省，应该让自己的内心进退有度；对外面要观察事物，由灾异看出上天的意图，畏惧它却不厌恶它，认为这是上天想要制止我们犯错，拯救我们的失误，所以用这些现象向我们反馈。孔子说："上天所宠幸的人，有做坏事而多次犯过罪的。"楚庄王见到上天不出现灾害，大地不出现灾祸，就向山川祈祷说："上天难道忘记我们国家了吗？不说清我的过错，要使我们的罪行发展到极点。"由此看来，上天的灾害是回

① ［清］苏舆：《春秋繁露义证》，钟哲点校，北京：中华书局，1992年版，第259页。

应人的过错而出现的，异常情况的出现是值得畏惧的（这本是上天所要挽救的，《春秋》大义所希望的，楚庄王之所以祈祷而请求降临的）。圣明的君主尚且愿意接受忠臣的进谏，更何况是上天的警告！

灾异以见天意。天意有欲也，有不欲也。所欲所不欲者，人内以自省，宜有惩于心；外以观其事，宜有验于国。故见天意者之于灾异也，畏之而不恶也，以为天欲振吾过，救吾失，故以此报我也。《春秋》之法，上变古易常，应是而有天灾者，谓幸国。孔子曰："天之所幸，有为不善而屡极。"楚庄王以天不见灾，地不见孽，则祷之于山川，曰："天其将亡予邪！不说吾过，极吾罪也。"以此观之，天灾之应过而至也，异之显明可畏也。此乃天之所欲救也，《春秋》之所独幸也，庄王所以祷而请也。圣主贤君尚乐受忠臣之谏，而况受天谴也！①

董仲舒将自然的灾异现象与人类社会联系起来，认为灾异是天意的体现，也是董仲舒"天人合一"思

① ［清］苏舆：《春秋繁露义证》，钟哲点校，北京：中华书局，1992年，第260—261页。

想的重要内容。他的这一观点也被称为灾异谴告说。从哲学史的角度看，灾异谴告说对后来谶纬神学的产生与流行影响很大。而从生态哲学的角度看，灾异谴告说有可以吸取的内容。

《春秋》经文记载了春秋时期出现的重大灾异事件，但经文在记载这些灾异事件时没有区别灾与异。《公羊传》在经文记录的基础之上，分别记出灾56条、异75条。公羊学中辨析的灾害主要有四种：水旱之灾、天火之灾、蝗虫之灾、疫病之灾。

《公羊传》中所记水灾有9条，旱灾23条，火灾有10条。《春秋》之义认为人为造成的火灾不必记录，因此，《公羊传》中所记录的火灾都是天火之灾。天火之灾指火灾是自然发生的，不是人所造成的。何休言："火自出烧之曰灾。"[①]而《公羊传》记载火灾时有的称灾，也有的称火，这是因为《公羊传》认为正寝、社稷、宗庙、朝廷起火称为灾，四者之外的起火则称为火。《公羊传》中有关蝗灾的共13条，疫病之灾的记录只有1条，发生在庄公二十年（公元前674年）。公羊学中所记载的天气之异分为六类：雨、

① ［清］阮元：《十三经注疏》，［东汉］何休注、［唐］徐彦疏：《春秋公羊传注疏》，北京：中华书局，1980年，第2221页。

雪、冰、霜、雹、雷。《公羊传》中把“雨”记作异常事件的记录共有6条；记录雪异常的有3条，分别见于隐公九年（公元前714年）、桓公八年（公元前704年）及昭公四年（公元前538年）；有关冰的异常现象的记录有4条；记霜异常的共2条；记载雨雹异常的有3例；对于雷电之异的记载见于隐公九年（公元前714年）与僖公十五年（公元前645年）。

公羊学中记载的天体之异主要是日食、彗星、星陨（流星、流星雨）、地震等。《公羊传》中有36条关于日食的记录；记录彗星出现的有3条；对流星的记录有2条，分别出现在庄公七年（公元前687年）与僖公十六年（公元前644年）。《公羊传》中关于地震的记录共有5条，还有动物之异的记录共5条。

董仲舒对于《春秋》所记灾异的解释，主要记录在《汉书·五行志》中。他对于《春秋》灾异的解释皆基于人事。前文提到，灾异两者，古人更重视异，而日食是古人认为最重要的一种异象。《公羊传》中有36条关于日食的记录，董仲舒对其中的34条做了解释。此外，对《春秋》所记载的其他灾异也做了一定的解释。

董仲舒的灾异观主要表现出四个特点。第一个特点是重异甚于重灾。这个特点前文已述，不再赘言。第二个特点是应验性。董仲舒在分析《春秋》所记之“灾”时，都发掘出现实的失德事件与之相联系。这些事件都发生在“灾”出现之前，而“灾”正是这些失德之事的应验。例如，董仲舒在解释桓公十四年（公元前698年）御廪的火灾时，认为这场火灾是因为桓公十三年（公元前699年），齐、宋、卫、燕四国一起攻打鲁国，在龙门大胜鲁国之后，百姓的伤病还没有痊愈，责怪怨恨之心还没有平复，君臣却都开始懒惰，在内懈怠政事，在外又受到四邻的欺侮。鲁国国君不能保守自己的宗庙使其以天年终了，所以上天在御廪降下火灾，用以告诫鲁国国君：

《春秋》桓公十四年“八月壬申，御廪灾”。董仲舒以为先是四国共伐鲁，大破之于龙门。百姓伤者未瘳，怨咎未复，而君臣俱惰，内怠政事，外侮四邻，非能保守宗庙终其天年者也，故天灾御廪以戒之。①

董仲舒的灾异观第三个特点是预兆性。他在分析

① ［汉］班固：《汉书》卷二十七上，北京：中华书局，1962年，第1321页。

异常现象的时候，往往把它作为将有不义之事发生的预兆，如在解释《春秋》所记录的异常现象时，将其与随后发生的事情联系起来，把“异”作为这些事件的预兆。例如，董仲舒在解释日食之异时，认为日食是上天告诫将有以下犯上之事发生：

隐公三年“二月己巳，日有食之”。《谷梁传》曰，言日不言朔，食晦。《公羊传》曰，食二日。董仲舒、刘向以为其后戎执天子之使，郑获鲁隐，灭戴，卫、鲁、宋咸杀君。①

隐公三年（公元前720年）日食的记载，董仲舒认为此年日食之异是预示之后戎会抓周天子的使臣，郑国抓鲁隐公，戴国被灭，卫国、鲁国、宋国都将出现弑君等事件。董仲舒在解释《春秋》所记录的异常现象时，能从之后所发生的事件中找到与其相对应的事情，把异象作为这些事件的预兆。这就是董仲舒所认为的“异”具有预兆性。

董仲舒灾异观的第四个特点是比附性。统观上

---

① ［汉］班固：《汉书》卷二十七，北京：中华书局，1962年，第1479页。

文，董仲舒在解释灾异事件的时候，每件灾异都有与之对应的人事。这些事件往往发生在灾异事件的前后，董仲舒将它们比附在灾异之上。《春秋》中所记载的“异”，在今天看来基本都是正常的自然现象，可以用自然科学解释清楚。而董仲舒因为不清楚其中的规律、作用机制，便把它们作为异常的现象记载，并将它们视作上天的预警，与人事相联系。这种联系事实上是一种想象中的关联，并没有直接的证据可以证明。因此，董仲舒灾异论的比附性是极为牵强的，所以比附性也成为董仲舒灾异论里最大的缺陷。

董仲舒灾异论的理论源泉主要有两个。一是董仲舒的“天人合一”思想，二是董仲舒的“阴阳运行”学说。“天人合一”思想是董仲舒灾异观的逻辑指导，“阴阳运行”是董仲舒灾异观的思维方法。

一、以“天人合一”为逻辑指导

为董仲舒灾异观做逻辑指导的，实际上是他的“天人感应”学说。在董仲舒的“天人合一”思想中，人与天是同类，即“人副天数”，同类则能相互感应。“人副天数”前文已做了阐述，这里将重点说明同类相互感应的问题。

同类相互感应并不是董仲舒思想里特有的。《周易·文言》中说："同声相应，同气相求。水流湿，火就燥，云从龙，风从虎，圣人作而万物睹。本乎天者亲上，本乎地者亲下，则各从其类也。"[①]《庄子·杂篇·渔父》中说："同类相从，同声相应，固天之理也。"[②]《吕氏春秋·有始览》中说："类固相召，气同则合，声比则应。"[③]《淮南子·览冥训》中云："夫物类之相应，玄妙深微，知不能论，辨不能解。"[④]以上这些都说明同类事物之间能够相互感应。董仲舒在《春秋繁露·同类相动》说：

今平地注水，去燥就湿；均薪施火，去湿就燥。百物去其所与异，而从其所与同。故气同则会，声比则应，其验皦然也。试调琴瑟而错之，鼓其宫则他宫应之，鼓其商而他商应之，五音比而自鸣，非有神，

① ［清］阮元：《十三经注疏》，［魏］王弼、韩康伯注，［唐］孔颖达等正义：《周易正义》，北京：中华书局，1980年，第16页。

② 陈鼓应注译：《庄子今注今译》，北京：商务印书馆，2007年，第937页。

③ 许维遹：《吕氏春秋集释》，北京：中华书局，2009年，第285页。

④ 何宁：《淮南子集释》，北京：中华书局，1998年，第450页。

其数然也。[①]

这是董仲舒关于同类之间能够相互感应的论述，意思是说在平地上洒水，水会避开干燥的地方而趋向潮湿的地方；在平铺的木柴上点火，火会避开潮湿的地方而趋向干燥的地方。万物都会避开与它们不同类的事物，而趋从与它们同类的事物。所以气相同就会相合，声音相同就会相应，这个效果是很明显的。调试好琴瑟而安置好它们，鼓动一张琴瑟的宫音，其他琴瑟的宫音就与之应和；鼓动商音，其他琴瑟的商音就与之应和。五音相靠近就能够自己鸣奏，不是有神明，而是它的规律就是这样。董仲舒用琴瑟相应和的例子说明同类能够相呼应。在董仲舒之前，《庄子》中也有若音律相同，琴瑟能够相应和的记载。《庄子·杂篇·徐无鬼》记载："于是为至调瑟，废一于堂，废一于室，鼓宫宫动，鼓角角动，音律同矣。"[②]可见，同类相通的观念并不是董仲舒特有的主张。

董仲舒的特点在于把人与天看作同类，即"人

① ［清］苏舆：《春秋繁露义证》，钟哲点校，北京：中华书局，1992年，第358页。
② 陈鼓应注译：《庄子今注今译》，北京：商务印书馆，2007年，第736页。

副天数”，认为人与天之间能够相互感应。所以当人德行完备的时候，就会有祥瑞出现。反之，当人德行有失的时候，天就会降下灾异来警诫人。所以，董仲舒说：“美事召美类，恶事召恶类，类之相应而起也。”[①]所以，“天人合一”能更具体地解释为“天人感应”，是董仲舒灾异观的逻辑指导。

二、以“阴阳运行”为作用机制

董仲舒的灾异观以“天人合一”为逻辑指导，而具体作用机制则是用“阴阳运行”学说解释。董仲舒认为世间万物都是阴阳运行而生灭变化的，万事万物的性质都可分为阴或阳。

人的阴阳发生变化，自然的阴阳也会随之而变化。同理，自然的阴阳发生变化，人的阴阳也随之而变化。董仲舒说：

天将阴雨，人之病故为之先动，是阴相应而起也。天将欲阴雨，又使人欲睡卧者，阴气也。有忧亦

① ［清］苏舆：《春秋繁露义证》，钟哲点校，北京：中华书局，1992年，第358页。

使人卧者，是阴相求也；有喜者，使人不欲卧者，是阳相索也。水得夜益长数分，东风而酒湛溢，病者至夜而疾益甚，鸡至几明，皆鸣而相薄。其气益精，故阳益阳而阴益阴，阳阴之气，因可以类相益损也。天有阴阳，人亦有阴阳。天地之阴气起，而人之阴气应之而起，人之阴气起，天地之阴气亦宜应之而起，其道一也。①

天将要阴天下雨，人的疾病先发作，这是阴气相互感应而产生的。阴气使天要下雨，人昏昏欲睡。心中有忧愁，也使人昏睡，这是阴气的相互寻求；心中喜悦，使人兴奋，这是阳气的相互寻找。水到了夜里会增长几分，春风到来酒就会漫溢，生病的人在夜里病会加重，鸡到了快天亮的时候，会啼鸣起来。阳气使阳气增加，阴气使阴气增加，阴阳之气可以因同类而增减。天有阴阳，人也有阴阳。天地的阴气升起，人的阴气也应之而起；人的阴气升起，天地的阴气也应之而起，道理是一样的。

在董仲舒的灾异论中，水灾、雪之异、日食等

① ［清］苏舆：《春秋繁露义证》，钟哲点校，北京：中华书局，1992年，第359—360页。

灾异发生的根源在于自然的阴气太盛，而自然的阴气又是感应到人的阴气之盛而强盛的，所以这些灾异实际上是感应到人的阴气而产生的。而冬季无冰、地震等灾异，则是因为自然感应到人的阴阳运行之事导致的。雷震之异则是自然感应到人的阳失其时而导致的。董仲舒将自然的阴阳运行与人的阴阳感应合并，综合解释灾异出现的缘由，形成灾异的作用机制就是阴阳运行的观点。以解决水旱之灾的办法为例，董仲舒在解决水灾时调动一切阳气，而遮掩一切阴气；解决旱灾时则调动一切阴气，而遮掩阳气。董仲舒说："欲致雨则动阴以起阴，欲止雨则动阳以起阳，故致雨非神也。"①

总之，董仲舒认为灾异产生的具体作用机制是阴阳运行。人事的阴阳运行失序，自然会感应到，从而引起自然的阴阳运行失序，进而产生灾异。因此，应对灾异就要努力恢复人事的阴阳平衡，使阴阳有序地运行，自然感应到之后，灾异自然就消除了。

---

① ［清］苏舆：《春秋繁露义证》，钟哲点校，北京：中华书局，1992年，第360页。

第二节
董仲舒灾异论的生态意义

冯友兰先生说："关于灾异的问题，在董仲舒的体系中便出现了两种说法。一种认为天人同类，自然相感，'非有神，其数然也'，这是一种带有机械论倾向的说法。一种认为天有喜怒赏罚，灾异出于天的意志，这是一种目的论的说法。"[①]从这种角度看，灾异本身是自然的变化，属于自然之天。而灾异与人事相感应则是人格神意义的天发挥作用。因此，在董仲舒的思想中，灾异就是人格神之天用自然的灾异警诫、惩罚人间的不道德之行为。董仲舒说："国家将有失道之败，而天乃先出灾害以谴告之，不知自省，又出怪异以警惧之，尚不知变，而伤败乃至。"[②]

董仲舒灾异论的生态意义，主要表现在建立人与自然的联系和破除人类中心主义两个方面。

① 冯友兰：《中国哲学史新编》（中），北京：人民出版社，1998年，第67页。

② ［汉］班固：《汉书》卷五十六，北京：中华书局，1962年，第2498页。

一、建立人与自然的联系

董仲舒在解读灾异的时候，建立起了人与自然的密切联系，认为人与自然是统一的整体。自然事物与人是相互联系、相互影响的。也正是由于承认这种联系的存在，董仲舒的灾异论才得以成立。建立人与自然的联系，承认人类能够影响自然事物，自然事物也能够反过来影响人类，是董仲舒的灾异论表现出的最重要的生态意义。

董仲舒的灾异论认为人与自然是相互联系的，人的行为能够影响自然，同样，自然也会向人类发出警示。目前，面临日益加重的生态危机，我们承认人与自然的联系，认识到人类不是自然的主宰，自然会反作用于人类，这是很重要的。虽然，董仲舒的灾异论主张建立人与自然的联系，在今天看来并不合理，其所论述的异常现象也基本都是正常的自然现象，但是人类必须承认，当代出现的很多灾害、异常现象确实是由于人类的过错而导致的。而这些灾异现象也是自然对人类发出的警告。人类必须反思自己的行为，改正自己的行为，否则人类所面临的形势将更加严峻。

董仲舒的灾异论把人类与自然紧密地联系在一起，意识到人类对自然的影响，也意识到自然会对人类的行为做出回应。这是生态哲学中最根本的认识，所以是董仲舒灾异论的生态意义之所在。

二、破除人类中心主义

董仲舒灾异论的第二个生态意义在于破除人类中心主义。董仲舒的灾异论认为，灾异是天对人类（君主）行为的警诫，这就意味着人类并不是世界（包括自然界与人类社会）的主宰，人类的行为是要受到监管的。对人类行为做出判定的并不是人类自身，而是最高精神实体的“天”。“天”是万物的主宰，董仲舒说：“天执其道为万物主。”[①]天作为万物的主宰，能判定人类的行为，其对人类行为判定的结果是通过自然现象展现的。因此，在董仲舒的灾异论中，人类不是世界的主宰。

董仲舒的灾异论中主要讲的是“天”对于人类行为的判定，他在分析《公羊传》所记灾异的时候，

① ［清］苏舆：《春秋繁露义证》，钟哲点校，北京：中华书局，1992年，第459页。

往往是将人类的政治活动与灾异联系起来，并没有把人类对待自然的活动与灾异具体地联系起来。但是董仲舒曾说过人类只有道德地对待水、土才能够风调雨顺、五谷丰收；若是不道德地对待水、土，那么就会发生水灾、粮食歉收等灾异。可见，“天”同样会判定人类对待自然的行为。人类对待自然的行为不是随心所欲的，也受制于“天”。虽然董仲舒的思想中有“人之超然万物之上，而最为天下贵也”[①]的说法，但是其主旨不是表达人类能凌驾于自然之上、是自然的主宰，而是意在说明人类承天命，并且能够主动地实践“仁”，因而有成就万物的责任与义务。

所以，董仲舒的灾异论有助于破除人类中心主义的藩篱，这也是董仲舒的灾异论的重要生态意义。

① ［清］苏舆：《春秋繁露义证》，钟哲点校，北京：中华书局，1992年，第466页。

第七章

董仲舒生态思想渊源与现实意义

董仲舒生态思想不是凭空产生的，而是有其自身产生的源泉。虽然董仲舒时代已经离我们非常遥远，但是他的生态思想依然有重要的现实意义。

第一节 董仲舒生态思想探源

董仲舒生态思想的根源主要有三点：古代的自然崇拜、礼乐文化以及先秦诸子的思想。

一、古代的自然崇拜

中国古代的自然崇拜是董仲舒生态思想的源泉之一。旧石器时代，人类处于脱离蒙昧社会的初期，当时的人类尚不具备个体意识，处在人我不分、物我不分的状态。人类对幻觉、梦、记忆、联想等思维能力的不解，使其相信自身之中存在着一个主导这些行为的“灵”，又根据自己的灵来想象自然，于是便产生了万物有灵的观念。然而在这个时期，人类“没有自然崇拜、没有祖先崇拜、没有对神的崇拜”。[①]

进入新石器时代后，人类的生活有了大的发展，人类的生活方式由原始的狩猎、采集转向了农耕。当时人类对于自然的认识非常有限，农业生产的结果很大程度上取决于自然因素，原始的农业生产活动与自然关系十分密切。因此，人类对于自然的依赖性极为强烈，为了风调雨顺、五谷丰登，人类开始向自然祈求、祭祀。“萌芽于旧石器时期的万物有灵观念和各种精灵观念得到发展，自然精灵演化为自然神，成为人们祈求、祭祀的对象，与之有关的祭祀仪式也开始形成，于是便产生了自然崇拜。”[②]大汶口文化遗址中发现了刻有日月崇拜图像的陶器，河姆渡文化遗址中出土的双鸟朝阳纹牙雕等，[③]都证明了在新石器时代，中国先民已经存在自然崇拜。自然崇拜开始在中国文化中占据重要的位置。时至今日，还能够在中国文化中寻找到自然崇拜的影子，它是“历史上最普遍

① 何星亮：《中国自然神与自然崇拜》，上海：上海三联书店，1992年，第8页。

② 何星亮：《中国自然神与自然崇拜》，上海：上海三联书店，1992年，第27页。

③ 何星亮：《中国自然神与自然崇拜》，上海：上海三联书店，1992年，第30页。

的宗教形式”。[①]

在自然崇拜中，自然神具有主宰自然和人事的双重功能，同时具有善恶二重属性。这就意味着人类对待自然（神）是持有感激与畏惧两种感情的。因为自然（神）能够降福于人类，也能够降灾于人类。所以，中国古代自然崇拜的目的主要有二：一是感谢自然的生养，人们用祭祀的方式回报自然的恩赐，即《礼记》中所讲的“报本反始”；二是祈求自然（神）不要降灾于人。自然崇拜追求的是人与自然的和谐。

中国古代自然崇拜的对象非常多，在古人的观念中几乎是无物不有神。《礼记·祭法》中说：“山林川谷丘陵，能出云，为风雨，见怪物，皆曰神。有天下者祭百神。”[②]根据《周礼·大宗伯》记载，当时自然崇拜的最主要对象有天、地、日、月、星辰、风、雨、五岳、山林川泽等。

自然崇拜对中国古代哲学的产生与发展影响很大。唐君毅提出：“中国人之哲学智慧乃自然的转化

① 何星亮：《中国自然神与自然崇拜》，上海：上海三联书店，1992年，第399页。

② ［清］阮元：《十三经注疏》，［汉］郑玄注、［唐］孔颖达等正义：《礼记正义》，北京：中华书局，1980年，第1588页。

原始天神之信仰而成为哲学上之观念。”[①]作为中国古代哲学的重要组成部分，董仲舒的思想也受到自然崇拜的影响。在他的思想中，很容易找到自然崇拜的痕迹——对土地、山川、动物、植物等的祭祀十分重视。

自然崇拜出现的根源在于人类对于自然的有限认识，自然对于人类是强大的、神秘的、不可捉摸的事物。在农业生产过程中，人类对自然产生了依赖、敬畏、崇拜之情。这种依赖、敬畏、崇拜之情，使人与自然出现了和谐共荣的局面。同时，由于对自然的依赖，古人形成了人与自然是一个有机联系的统一体的认识。人类通过自然崇拜，第一次明确地建立起了人与自然之间的联系。中国古代的自然崇拜不仅仅是一种原始的宗教信仰，也蕴含着丰富的生态思想。自然崇拜可以说是人类生态思想的萌芽，也是人类最早的生态实践。董仲舒的生态思想正来源于这种自然崇拜。

董仲舒的自然观具有浓厚的自然崇拜色彩。在如

① 唐君毅：《论中国原始宗教信仰与儒家天道观旨关系兼释中国哲学之起源》，《理想历史文化》，1948年第1期。转引自何星亮：《中国自然神与自然崇拜》，上海：上海三联书店，第400页。

何与自然沟通方面，他继承了自然崇拜的内容，通过祭祀的方法建立人与自然的联系。在人与自然关系方面，他摆脱了原始的自然崇拜，破除了自然崇拜下人与自然混沌不分的壁垒，认识到人与自然是相互独立的存在。在人与自然相互分离的意识之上，他又建立起人与自然同根同源的观点，即人类能够影响自然，自然也能够影响人类的"天人一体"的生态思想。总之，自然崇拜是董仲舒生态思想的重要源泉。

二、礼乐文化

礼乐文化是中国古代的主流文化思想，其在历史上具有重要意义，是中国思想文化的源头，董仲舒生态思想也是从礼乐文化中发展而来的。

《说文解字》中说："礼，履也，所以事神致福也。"[①]《礼记·礼运》中说："夫礼之初，起诸饮食，其燔黍捭豚，污尊而抔饮，蒉桴而土鼓，犹若可以致其敬于鬼神。"[②]《易·豫·象》中言："先

① ［清］段玉裁注：《说文解字注》，上海：上海古籍出版社，1981年，第2页。
② ［清］阮元：《十三经注疏》，［汉］郑玄注、［唐］孔颖达等正义：《礼记正义》，北京：中华书局，1980年，第1415页。

王以作乐崇德，殷荐之上帝，以配祖考。”[①]由此可以看出，礼乐最初是来自祭祀、祈福类的宗教活动。随着时代的变化，礼乐也在发展，因而出现了“夏礼”“殷礼”。到了西周，周公“制礼作乐”，礼乐开始走向系统化、规范化、制度化，用来约束、规范人们的行为，教化人们的思想。

《左传·昭公二十五年》对“礼”做了详细的阐释：

子大叔见赵简子，简子问揖让、周旋之礼焉。对曰：“是仪也，非礼也。”简子问：“敢问，何谓礼？”对曰：“吉也闻诸先大夫子产曰：‘夫礼，天之经也，地之义也，民之行也。’天地之经，而民实则之。则天之明，因地之性，生其六气，用其五行。气为五味，发为五色，章为五声。淫则昏乱，民失其性。是故为礼以奉之：为六畜、五牲、三牺，以奉五味。为九文、六采、五章，以奉五色。为九歌、八风、七音、六律，以奉五声。为君臣、上下，以则地义。为夫妇、外内，以经二物。为父子、兄弟、姑

① ［清］阮元：《十三经注疏》，［魏］王弼、韩康伯注，［唐］孔颖达等正义：《周易正义》，北京：中华书局，1980年，第31页。

姊、甥舅、昏媾、姻亚，以象天明。为政事、庸力、行务，以从四时。为刑罚、威狱，使民畏忌，以类其震曜杀戮。为温慈、惠和，以效天之生殖长育。民有好恶、喜怒、哀乐，生于六气，是故审则宜类，以制六志。哀有哭泣，乐有歌舞，喜有施舍，怒有战斗。喜生于好，怒生于恶。是故审行信令，祸福赏罚，以制死生。生，好物也；死，恶物也。好物，乐也；恶物，哀也。哀乐不失，乃能协于天地之性，是以长久。”简子曰：“甚哉！礼之大也！”对曰：“礼，上下之纪，天地之经纬也，民之所以生也，是以先王尚之。故人之能自曲直以赴礼者，谓之成人。大，不亦宜乎！”①

从子大叔对于“礼”的论述可以发现，“礼”是具有生态性的。从本质上讲，“礼”是天、地与人之间的普遍法则，“天之经”“地之义”是自然的法则，“民之行”则是人的法则。而人的法则是效仿自然的法则建立的，即“则天之明，因地之性”。所以人世间“礼”的规定是与自然法则相对应的。自然有

① 杨伯峻：《春秋左传注》，北京：中华书局，2009年，第1457—1459页。

五味、五色、五声，所以人们制定具体的礼来对应五味、五色、五声。人间的君臣之礼是效法地义，夫妇之礼是对应阴阳，六亲之礼效法天明，做事之礼则是顺应四时，施刑罚、下牢狱是效法雷电诸天象。总而言之，“礼”是自然与人的共同法则，人的礼是根据自然的礼而制定的。所以“礼”本身就是具有生态意义的。

《礼记·乐记》中说：“乐者，天地之和也。”[①]“乐”是人对天地外物的应和，“乐”也充满了生态意蕴。

乐者，音之所由生也，其本在人心之感于物也。是故其哀心感者，其声噍以杀。其乐心感者，其声啴以缓。其喜心感者，其声发以散。其怒心感者，其声粗以厉。其敬心感者，其声直以廉。其爱心感者，其声和以柔。六者非性也，感于物而后动。[②]

……

乐也者，圣人之所乐也。而可以善民心，其感人

① ［清］阮元：《十三经注疏》，［汉］郑玄注、［唐］孔颖达等正义：《礼记正义》，北京：中华书局，1980年，第1530页。

② ［清］阮元：《十三经注疏》，［汉］郑玄注、［唐］孔颖达等正义：《礼记正义》，北京：中华书局，1980年，第1527页。

深，其移风易俗，故先王著其教焉。[①]

这两段话意在说明“乐”的功能在于教化人心。“乐”是声音生成的，而声音是由人心感应外物而产生的，所以乐的本源也在于人心感应外物。心中悲哀，发出的声音就急促；心中快乐，发出的声音就柔和舒缓；心中喜悦，发出的声音就高亢；心中愤怒，发出的声音就粗犷而严厉；心中敬仰，发出的声音就庄严郑重；心中喜爱，产生的声音就温柔。这六种情感不是人的本性，而是人感应外物产生的。因此，圣人用制乐来教化民心，使民心向善。

礼与乐的关系非常密切，《礼记·乐记》中解释得很清楚：

乐者为同，礼者为异。同则相亲，异则相敬。乐胜则流，礼胜则离。合情饰貌者，礼乐之事也。礼义立，则贵贱等矣；乐文同，则上下和矣。[②]

……

故乐也者，动于内者也。礼也者，动于外者也。

---

① ［清］阮元：《十三经注疏》，［汉］郑玄注、［唐］孔颖达等正义：《礼记正义》，北京：中华书局，1980年，第1534页。

② ［清］阮元：《十三经注疏》，［汉］郑玄注、［唐］孔颖达等正义：《礼记正义》，北京：中华书局，1980年，第1529页。

乐极和，礼极顺。内和而外顺，则民瞻其颜色而弗与争也，望其容貌而民不生易慢焉。故德辉动于内，而民莫不承听。理发诸外，而民莫不承顺。[①]

礼是外在的规定，乐是内心的触动，礼与乐是相辅相成的。乐从内心感化人们，使其行为合乎礼，礼则从外在限制人们的行为，使人们依照礼来行事。礼乐最终的目的在于使人的行为合乎天道，即合乎礼。

礼乐既是自然的法则，也是人世的道德法则，礼乐天然地具有生态意义。董仲舒对人类行为的评判标准就是“礼”。他认为，《春秋》即便记载不合乎礼的事，也是为了批判它，从而教化、规范人们的行为，使人们的行为合乎礼。因此，礼乐文化也是董仲舒生态思想的源泉之一。

三、先秦诸子的思想

董仲舒生态哲学思想吸收了先秦诸子的思想（主要是儒家与阴阳家），他提出“泛爱众生”的生态原

① ［清］阮元：《十三经注疏》，［汉］郑玄注、［唐］孔颖达等正义：《礼记正义》，北京：中华书局，1980年，第1544页。

则就是源于儒家的“仁者爱人”“仁民爱物”等思想，珍视世间万物生命的生态思想源于儒家的“生生”思想。“生生”是儒家思想的核心，“生生”最早见于《易传》“生生之谓易”。[①]“生生”的含义用现代话语表述就是生长、生命。儒家把生作为最高的德行，《易传》中说：“天地之大德曰生。”[②]《诗·大雅·烝民》中说：“天生烝民，有物有则。民之秉彝，好是懿德。”[③]儒家“生生”思想中的生命不仅仅指人类的生命，还包括动物、植物等自然物的生命，这些生命的“生”又包含着多重含义。最基本的是生出，生出之后还有生长、长成等。李承贵将儒家“生生”理念的要义归纳为“创生”“养生”“护生”“成生”“贵生”“圆生”。“创生”，顾名思义就是创造生命。“养生”，是指养育已有的生命，使之能够健康地生长。“护生”，就是保护现有的生命，使之能够不遭受侵害，能够顺利健康地生存。

---

① ［清］阮元：《十三经注疏》，［魏］王弼、韩康伯注，［唐］孔颖达等正义：《周易正义》，北京：中华书局，1980年，第78页。

② ［清］阮元：《十三经注疏》，［魏］王弼、韩康伯注，［唐］孔颖达等正义：《周易正义》，北京：中华书局，1980年，第86页。

③ ［清］阮元：《十三经注疏》，［汉］毛享传、［汉］郑玄笺、［唐］孔颖达等正义：《毛诗正义》，北京：中华书局，1980年，第568页。

“成生”，是指成就生命，即实现生命的价值，就人而言是指成就人的梦想，实现人生价值。“贵生”，就是尊重生命，不能够肆意地剥夺他物的生命，不能践踏生命，要重视与保护他物的生命权。“圆生”，是指对去世的人的怀念、追忆等，这是对逝去的生命的终极关怀。[①]乔清举认为“生生之谓易”体现自然界的内在规定性。《周易》六十四卦的顺序也是自然界万物生长的顺序。未济卦作为六十四卦的最后一卦，表明天地生生的过程永不停息。“生生”的过程也可以表述为“继善成性”。元、亨、利、贞是天地生物的过程。天地生物即是天地之心，具有普遍性。“生生”是依靠阴阳二气运动而实现的，阴阳的运动主要有五种：“阳生阴成”“阳主阴助”“阳生阴杀”“阴阳循环，递相为主”“阳尊阴卑”。阴阳二气的相互感通是生生必需的条件。死亡则是生生过程的内在否定性。[②]

“生生”的思想中包含着保护生命的意蕴，董仲舒吸收了儒家“生生”思想，提出人类在对待其他生

---

① 李承贵：《“生生”：儒家思想的内在维度》，《学术研究》，2012年第5期。

② 乔清举：《儒家生态思想通论》，北京：北京大学出版社，2013年，第211—239页。

命时，要保证其生命周期完整，不能够随意地剥夺它们的生命。这一观点主要体现在他的生态德性论之中。

此外，董仲舒还吸收了阴阳家阴阳五行的观念，建立了自己阴阳运行、五行生变的生态原则。他的生态思想中还吸收了古代天文、气象、历法等内容。

一言以蔽之，董仲舒生态思想滥觞于先秦诸子的思想。

第二节 董仲舒生态思想的现实意义

董仲舒生态思想研究的现实意义主要有三点：

第一，还自然之魅。人类对于自然的态度经历了三个过程，“附魅”，“祛魅”，以及今天生态哲学中号召的“还自然之魅”（也说“返魅”或“复魅”）。

古时候，人类局限于自身认识世界和改造世界的能力，对关于自然的很多事情不能理解，于是把这一切归结于自然的神秘力量。人们一般认为万物有灵，这些自然的神灵拥有强大的力量，如果冒犯它们，它们就会降下灾祸。因此，人类对于自然抱有强烈的敬畏感。同时，人类把自身作为自然的一部分，依存于自然，与自然和谐共生。这就是对自然的“附魅”。

文艺复兴以后，随着科技的不断发展，人类的理性、主体意识不断增强，开始认识自然、征服自然、改造自然。自然在人类面前似乎不那么强大，也不再具有神秘感，于是人类对自然失去了敬畏感。自然在人类眼中变成了一部机器，不再具有生命性、主体性。人类对自然没有义务，自然也不具有任何权利。此时，人与自然关系割裂开来，成为主客二分的对立关系。这就是对自然的“祛魅”。

对自然的“祛魅”使人类在征服自然、掠夺自然方面取得巨大成功的同时，也遭遇了前所未有的生态危机。环境污染、物种灭绝、资源枯竭……种种生态危机已经开始危及人类的生存。人类意识到必须重新建构人与自然的关系，于是“还自然之魅”的要求被提出来了。

生态哲学所讲的“还自然之魅”并不是要求人类回到古代对自然“附魅”的状态，并不是要将自然神化。“还自然之魅”是要恢复自然的生命性，即把自然“祛魅”时人类所抛弃的自然的生命性重新还给自然。著名社会心理学家塞尔日·莫斯科维奇（Serge Moscovici）曾说："自然的魅力来自生命的魅力。当我们努力捍卫自然时，我们也在试图拯救生命。"[①]恢复自然的生命性，这是"还自然之魅"的第一层含义。"还自然之魅"的第二层含义是恢复人与自然之间的内在联系，即人与自然是相互联系的统一的整体。人与自然不是各自独立的，而是相互联系、相互影响的，人与自然应该是共荣共存的和谐关系。"世界若不包含于我们之中，我们便不完整，我们若不包含于世界之中，世界也是不完整的。"[②]

董仲舒生态思想为"还自然之魅"提供了丰富的理论资源。他的生态思想中最重要的一点就是承认自然的生命性，整个自然都是生机勃勃的生命体，人、动物、植物、土地、山川都具有生命力。董仲舒的这种生命观并不是对于自然的神化，而是其认识到自然的生命性在于自然生养万物，是自然自己的运动。自然的运动是主动的、有目的的，并不由人类决定与控

① ［法］塞尔日·莫斯科维奇：《还自然之魅——对生态运动的思考》，庄晨燕、邱寅晨译，于硕校，北京：三联书店，2005年，第20页。

② 肖显静：《后现代生态科技观》，北京：社会科学出版社，2003年，第141页。

制。董仲舒生命观中的自然的生命，与“还自然之魅”所恢复的自然的生命性是一致的。董仲舒生态思想对“还自然之魅”的参考价值还在于其认为人与自然是一个有机的整体，人是这个整体的一部分，人与自然相互联系、相互影响，不可分割。“格里芬等后现代主义哲学家把生命自然界看作生生不息并化育万物的生命机体，自然孕育了人类，人类主体的创造性从属于自然生命机体的创生性，并融入自然创造过程的始终。”[①]人与自然是统一的整体，这贯穿于董仲舒生态思想的始终，也与“还自然之魅”的内涵相一致，因而能够为其提供参考。“还自然之魅”是董仲舒生态思想对于当今生态哲学建构的重要意义。

第二，董仲舒生态思想研究拓宽了儒家哲学研究的道路，丰富了儒家生态思想研究的内容，有助于整个儒家生态哲学思想研究的展开。“儒家哲学在本质上是生态的。”[②]儒家的“天人合一”思想是生态哲学的原则，儒家的伦理思想中包含着生态伦理思想，儒家的思想中有保护自然、人与自然和谐相处的意识。

---

① 牛庆燕：《一种生态觉悟：从自然之“附魅”、“祛魅”到“返魅”》，《学术交流》，2012年第12期。

② 乔清举：《儒家生态思想通论》，北京：北京大学出版社，2013年，第7页。

生态性既是儒家哲学的本质，也是儒家哲学的特点，传统的儒家哲学研究往往忽视了这一点。儒家哲学的本质是生态的，但这并不意味着儒家哲学只是生态哲学，所以从生态哲学的角度出发解读儒家哲学，并不意味着否定对传统儒家哲学的解读，而是补充了以往被忽视的内容，以便对儒家哲学的解读更全面，能够完整地把握儒家哲学实质。因而，董仲舒生态思想的研究拓宽了儒家哲学研究的道路。

董仲舒思想作为儒家哲学重要的组成部分，其生态思想也是儒家生态哲学思想的组成部分。因此，他的研究丰富了现有的儒家生态哲学思想研究的内容。董仲舒生态思想与儒家生态哲学思想是部分与整体的关系，二者之间是相通的。“天人合一”“阴阳运行”“泛爱群生”等，也是儒家生态哲学共同的原则，所以研究董仲舒生态思想可以窥见儒家生态哲学的一角。

从生态哲学的角度重新解读董仲舒思想，拓宽了研究儒家哲学的道路，引入了新的研究视角，补充了现有的儒家生态哲学研究的内容，为整个儒家生态哲学的研究提供了帮助。

第三，为生态保护的实践提供参考。董仲舒生态思想为当今生态保护的实践提供的最重要参考在于生态思维。人类在实践的过程中如果能够坚持生态思维，切实地把自然作为道德共同体的一员，慎重地对待自然，许多生态问题就都可以迎刃而解了。此外，在具体的措施、政令上，董仲舒生态思想也能为我们提供参考。这些政令、措施在今天看来，有些并不合理，有的却可以借鉴，董仲舒生态思想能够为当今的生态保护提供参考。例如，董仲舒生态思想中养土地、春夏不伐木、休耕等政令所表达的目的，与当今“可持续发展”的思路是一致的。董仲舒所倡导的这些政令起到了保护动植物物种、保护土地的生命性等作用。我们制定保护自然的政策、法规时可以参考相关内容。

综上所述，董仲舒生态思想具有思想与实践两方面的现实意义，带来了生态的思维方式，丰富了儒家生态哲学的研究内容，也为当今的生态保护的实践带来启发。

结 语

目前，学界对董仲舒思想的研究多囿于哲学思想、政治思想、伦理思想，鲜见对董仲舒的生态思想进行系统的研究。笔者从生态哲学的角度对董仲舒思想做了新视角的系统研究，窃希望拙作能够为董仲舒生态思想的研究增添一丝新意。

在历史上，董仲舒一直被认为是“醇儒”，其哲学思想具有影响汉代以后百代之重要地位。这个评介是可以接受的。其生态哲学著作同样具有重要的影响。

董仲舒的生态思想体系以“天人合一”为统摄，以“阴阳运行”“五行生变”为运行机制，以“泛爱群生”为道德准则，以“顺时而为”为实践基础，构建起了具有理论与实践双重意义的生态思想体系。一方面，董仲舒提出“天，仁也。天覆育万物”[①]“仁，

① ［清］苏舆：《春秋繁露义证》，钟哲点校，北京：中华书局，1992年，第329页。

天心”，[1]将先秦以心为纽带的尽性知天转变成了以气为中介的“化天而得仁义”；通过气的阴阳五行化，把天、地、人、动物、植物、政治、历史统合为一个统一的联系的整体。董仲舒用阴阳五行的宇宙论思想把先秦生态哲学系统化了，其生态哲学标志着汉代儒家生态思想的宇宙论化的完成。另一方面，董仲舒以前者为基础制定相关政令，将理论付诸实践。尤其是面对灾异之时，董仲舒试图打通天与人、天道与人道的联系，将“天人合一”落实到其政治实践中。

着眼当今社会，一方面，董仲舒的生态思想有助于我们转变思维方式，打破人类中心主义的藩篱，重新审视人与自然的关系；另一方面，在解决现实生态问题时，我们可以从中借鉴经验，寻求灵感。

---

① ［清］苏舆：《春秋繁露义证》，钟哲点校，北京：中华书局，1992年，第329页。

参考文献

［1］苏舆．春秋繁露义证［M］．钟哲点校，北京：中华书局，1992.

［2］伏生．尚书大传［J］．四部丛刊．上海：商务印书馆，1929.

［3］阮元．十三经注疏［M］．北京：中华书局，1980.

［4］司马迁，史记［M］．北京：中华书局，1982.

［5］班固．汉书［M］．北京：中华书局，1962.

［6］任继昉．释名汇校［M］．济南：齐鲁书社，2006.

［7］段玉裁．说文解字注［M］．上海：上海古籍出版社，1981.

［8］陈桥驿．水经注校证［M］．北京：中华书局，2007.

［9］程颢，程颐．二程集［M］．北京：中华书

局，1981.

[10] 胡安国：春秋胡氏传［M］. 长春：吉林出版社，2005.

[11] 黄仲炎. 春秋通说［M］. 长春：吉林出版社，2005.

[12] 家铉翁. 春秋详说［M］. 长春：吉林出版社，2005.

[13] 吕本中. 春秋集解［M］. 长春：吉林出版社，2005.

[14] 吕大奎. 春秋或问［M］. 长春：吉林出版社，2005.

[15] 刘敞. 春秋权衡［M］. 长春：吉林出版社，2005.

[16] 刘敞. 春秋刘氏传［M］. 长春：吉林出版社，2005.

[17] 苏辙. 苏氏春秋集解［M］. 长春：吉林出版社，2005.

[18] 赵鹏飞. 春秋经筌［M］. 长春：吉林出版社，2005.

[19] 朱熹. 四书章句集注［M］. 北京：中华书局，1983.

[20] 朱熹. 诗集传 [M]. 北京：中国书店，1985.

[21] 孙奕. 履斋示儿编 [M]. 北京：中华书局，2014.

[22] 宋元人. 新刊四书五经 [M]. 北京：中国书店，1994.

[23] 程端学. 春秋本义 [M]. 长春：吉林出版社，2005.

[24] 俞皋. 春秋集传释义大成 [M]. 长春：吉林出版社，2005.

[25] 陈深. 读春秋编 [M]. 长春：吉林出版社，2005.

[26] 谢肇淛. 五杂俎 [M]. 上海：上海书店出版社，2001.

[27] 陈立. 白虎通疏证 [M]. 北京：中华书局，1994.

[28] 冯澄. 春秋日食集证 [M]. 上海：商务印书馆，1930.

[29] 顾栋高. 春秋大事表 [M]. 吴树平，李解民，点校. 北京：中华书局，1993.

[30] 皮锡瑞. 经学历史 [M]. 周予同，注释.

北京：中华书局，2004.

［31］皮锡瑞. 经学通论［M］. 北京：中华书局，1954.

［32］皮锡瑞. 左传浅说［M］. 思贤书局刊光绪二十五年（1899）.

［33］浦起龙. 史通通释［M］. 上海：商务印书馆，1930.

［34］孙希旦. 礼记集解［M］. 沈啸寰，王星贤，点校. 北京：中华书局，1989.

［35］孙贻让. 周礼正义［M］. 王文锦，陈玉霞，点校. 北京：中华书局，1987.

［36］徐元诰. 国语集解［M］. 王树民，沈长云，点校. 北京：中华书局，2002.

［37］王先慎. 韩非子集解［M］. 钟哲，点校. 北京：中华书局，2003.

［38］朱彬. 礼记训纂［M］. 饶钦农，点校. 北京：中华书局，1996.

［39］陈鼓应. 庄子今注今译［M］. 北京：商务印书馆，2007.

［40］承载. 春秋谷梁传译注［M］. 上海：上海古籍出版社，2004.

[41] 高亨. 周易大传今注[M]. 济南：齐鲁书社，1979.

[42] 顾颉刚，刘起釪. 尚书校释译论[M]. 北京：中华书局，2005.

[43] 何宁. 淮南子集释[M]. 北京：中华书局，1998.

[44] 黄怀信. 逸周书校补注释（修订本）[M]. 西安：三秦出版社，2006.

[45] 黄灵庚. 楚辞集校[M]. 上海：上海古籍出版社，2009.

[46] 黎翔凤. 管子校注[M]. 北京：中华书局，2004.

[47] 李学勤. 春秋左传正义[M]. 十三经注疏（标点本）. 北京：北京大学出版社，1999.

[48] 李学勤. 春秋公羊传注疏[M]. 十三经注疏（标点本）. 北京：北京大学出版社，1999.

[49] 李学勤. 春秋谷梁传注疏[M]. 十三经注疏（标点本）. 北京：北京大学出版社，1999.

[50] 刘尚慈. 春秋公羊传译注[M]. 北京：中华书局，2010.

[51] 许维遹. 吕氏春秋集释[M]. 北京：中

华书局，2009.

［52］杨伯峻. 春秋左传注［M］. 北京：中华书局，2009.

［53］《续修四库全书》编纂委员会. 续修四库全书［M］. 上海：上海古籍出版社，2002.

［54］陈业新. 儒家生态意识与中国古代环境保护研究［M］. 上海：上海交通大学出版社，2012.

［55］邓云特. 中国救荒史［M］. 北京：商务印书馆，2011.

［56］邓拓. 中国救荒史［M］. 北京：北京出版社，1998.

［57］方铭．《春秋》三传与经学文化［M］. 长春：长春出版社，2010.

［58］冯友兰. 中国哲学史新编［M］. 北京：人民出版社，1998.

［59］傅华. 生态伦理学探究［M］. 北京：华夏出版社，2002.

［60］韩立新. 环境价值论［M］. 昆明：云南人民出版社，2005.

［61］何怀宏. 生态伦理——精神资源与哲学基础［M］. 保定：河北大学出版社，2002.

[62] 何星亮. 中国自然神与自然崇拜[M]. 上海：上海三联书店，1992.

[63] 侯外庐. 韧的追求[M]. 北京：生活·读书·新知三联书店，1985.

[64] 侯文华. 《左传》灾异现象刍议[A]//方铭. 《春秋》三传与经学文化[C]. 长春：长春出版社，2010.

[65] 姜广辉. 中国经学思想史[M]. 北京：中国社会科学出版社，2010.

[66] 蒋庆. 公羊学引论[M]. 沈阳：辽宁教育出版社，1995.

[67] 李丙寅，朱红，杨建军. 中国古代环境保护[M]. 开封：河南大学出版社，2001.

[68] 李德顺. 价值论——一种主体性的研究[M]. 北京：中国人民大学出版社，2013.

[69] 李学勤. 中国古代文明十讲[M]. 上海：复旦大学出版社，2003.

[70] 蒙培元. 人与自然——中国哲学生态观[M]. 北京：人民出版社，2004.

[71] 昭华. 中国灾荒史记[M]. 北京：中国社会出版社，1999.

［72］牟宗三．周易哲学讲习录［M］．上海：华东师范大学出版社，2004.

［73］裴广川．环境伦理学［M］．北京：高等教育出版社，2002.

［74］乔清举．河流的文化生命［M］．郑州：黄河水利出版社，2007.

［75］乔清举．儒家生态思想通论［M］．北京：北京大学出版社，2013.

［76］佘正荣．中国生态伦理的诠释与重建［M］．北京：人民出版社，2002.

［77］佘正荣．生态智慧论［M］．北京：中国社会科学出版社，1996.

［78］沈玉成，刘宁．春秋左传学史稿［M］．南京：江苏古籍出版社，1992.

［79］宋正海．中国古代重大自然灾害和异常年表总集［C］．广州：广东教育出版社，1992.

［80］唐代兴．生态理性哲学导论［M］．北京：北京大学出版社，2005.

［81］童书业．春秋左传研究［M］．上海：上海人民出版社，1980.

［82］王勇．东周秦汉关中农业变迁研究［M］．

长沙：岳麓书社，2004.

［83］王子今．秦汉时期生态环境研究［M］．北京：北京大学出版社，2007.

［84］王子今．秦汉虎患考［A］//饶宗颐．华学［G］．第1辑．广州：中山大学出版社，1995.

［85］肖显静．后现代生态科技观［M］．北京：社会科学出版社，2003.

［86］杨通进．生态二十讲［M］．天津：天津人民出版社，2008.

［87］余谋昌，王耀先．环境伦理学［M］．北京：高等教育出版社，2004.

［88］张云飞．天人合一——儒学与生态环境［M］．成都：四川人民出版社，1995.

［89］朱伯昆．朱伯昆论著［M］．沈阳：沈阳出版社，1995.

［90］中国社会科学院考古研究所．新中国的考古发现和研究［M］．北京：文物出版社，1984.

［91］路德维希·冯·贝特朗菲．生命问题——现代生物思想评价［M］．吴晓江，译．金吾伦，校．北京：商务印书馆，1999.

［92］皮特·辛格．动物解放［M］．孟祥森，

等，译．北京：光明日报出版社，1999.

[93] 彼得·辛格，汤姆·里根编．动物权利与人类义务［M］．曾建平，代峰，译．北京：北京大学出版社，2010.

[94] 克里斯蒂安·德迪夫．生机勃勃的尘埃［M］．王玉山，译．上海：上海科技教育出版社，1999.

[95] 海德格尔．海德格尔选集［M］．孙周兴，选编．上海：上海三联书店，1996.

[96] 汉斯·萨克塞．生态哲学［M］．文韬，佩云，译．北京：东方出版社，1991.

[97] 马克思，恩格斯．马克思恩格斯选集［M］．北京：人民出版社，1995.

[98] 阿尔贝特·史怀泽．敬畏生命［M］．陈泽环，译．上海：上海社会科学院出版社，1992.

[99] 塞尔日·莫斯科维奇．还自然之魅——对生态运动的思考［M］．庄晨燕，邱寅晨，译．北京：三联书店，2005.

[100] 奥尔多·利奥波德．沙乡年鉴［M］．侯文蕙，译．长春：吉林人民出版社，1997.

[101] 巴里·康芒纳．封闭的循环——自然、

人和技术［M］．侯文蕙，译．长春：吉林人民出版社，1997.

［102］戴斯·贾斯丁．环境伦理学—环境哲学导论［M］．林官明，译．北京：北京大学出版社，2002.

［103］霍尔姆斯·罗尔斯顿Ⅲ．哲学走向荒野［M］．刘耳，叶平，译．长春：吉林人民出版社，2000.

［104］霍尔姆斯·罗尔斯顿Ⅲ．环境伦理学—大自然的价值及人对大自然的义务［M］．杨通进，译．北京：中国社会科学出版社，2000.

［105］玛丽·艾维琳·吐克，约翰·白诗朗．儒学与生态［M］．彭国翔，张容南，译．南京：江苏教育出版社，2008.

［106］R．F．纳什．大自然的权利——生态思想史［M］．杨通进，译．青岛：青岛出版社，1999.

［107］汤姆·里根．动物权利研究［M］．李曦，译．北京：北京大学出版社，2010.

［108］汤姆·里根，卡尔·柯亨．动物权利论争［M］．杨通进，江娅，译．北京：中国政法大学出版社，2005.

［109］唐纳德·沃斯特. 自然的经济体系——生态思想史［M］. 侯文蕙，译，北京：商务印书馆，1999.

［110］尤金·哈格罗夫. 环境伦理学基础［M］. 杨通进，译. 重庆：重庆出版社，2007.

［111］岩佐茂. 环境的思想［M］. 韩立新，等，译. 北京：中央编译出版社，1997.

［112］不列颠百科全书［M］. 国际中文版. 北京：中国大百科全书出版社，1986.

［113］辞海［M］. 1999年版缩印本. 上海：上海辞书出版社，2000.

［114］冯契，徐孝通. 外国哲学大辞典［M］. 上海：上海辞书出版社，2000.

［115］白奚．"仁民而爱物"的现代启示［J］. 河北学刊，2001，21（2）.

［116］白奚. 仁爱观念与生态伦理［J］. 首都师范大学学报（社会科学版），2002（1）.

［117］白奚. 儒家的人类中心论及其生态学意义——兼与西方人类中心论比较［J］. 中国哲学史，2004（2）.

［118］晁福林. 论"初税亩"［J］. 文史哲，

1999（6）.

［119］陈来. 道德的生态观——宋明儒学仁说的生态面向及其现代诠释［J］. 中国哲学史，1999（2）.

［120］陈俊亮. 儒家生态伦理思想及价值探究之一——孔子生态伦理思想及其现代价值［J］. 社会科学论坛，2010（10）.

［121］陈筱芳. 试论春秋自然崇拜［J］. 西南民族大学学报（人文社科版），2008（12）.

［122］陈业新. 灾异辨析——兼及《公羊传》与董仲舒之灾异说［J］. 中国历史文献研究会. 历史文献研究，总第20辑.

［123］陈业新. 儒家生态意识特征论略［J］. 史学理论研究，2007（3）.

［124］崔文魁. 儒家的可持续发展思想［J］. 科学技术与辩证法，1999，16（2）.

［125］丁建华. 论先秦儒家"时"范畴的生态意义［J］. 云南社会科学，2012（2）.

［126］丁立群. 人类中心论与生态危机的实质［J］. 哲学研究，1997（11）.

［127］杜维明. 新儒家人文主义的生态转向：对

中国和世界的启发［J］. 中国哲学史，2002（2）.

［128］葛荣晋. 儒家“天人合德”观念与现代生态伦理学［J］. 甘肃社会科学，1995（5）.

［129］葛荣晋. 试评儒家生态哲学思想及其现代价值［J］. 长安大学学报（社会科学版），2002，4（1）.

［130］郭佩惠. 论儒家的生态伦理思想对构建社会主义生态文明的意义［A］//云南孔子学术研究会. 孔学研究. 第15辑. 云南孔子学术研究会第十五次暨海峡两岸第八次孔子学术研讨会论文集［C］. 昆明：云南人民出版社，2009.

［131］郭书田. 浅谈儒家的生态环境保护意识［J］. 生态农业研究，1998，6（2）.

［132］何怀宏. 儒家生态伦理思想述略［J］. 中国人民大学学报，2000（2）.

［133］胡发贵. 儒家生态伦理思想刍论［J］. 道德与文明，2003（4）.

［134］胡伟希. 儒家生态学基本观念的现代阐释：从“人与自然”的关系看［J］. 孔子研究，2000（1）.

［135］黄开国. 《公羊传》的形成［J］. 齐鲁学刊，2009（1）.

[136] 黄晓众. 论儒家生态伦理观及其现实意义[J]. 贵州社会科学，1998（5）.

[137] 黄晓众. 先秦儒家生态文化及人与自然的和谐发展探析[J]. 贵阳市委党校学报，1999（2）.

[138] 霍功. 先秦儒家生态伦理思想与现代生态文明[J]. 道德与文明，2009（3）.

[139] 姜林祥. 儒家的“天人合一”思想与可持续发展战略[J]. 齐鲁学刊，1997（2）.

[140] 焦国成. 儒家爱物观念与当代生态伦理[J]. 中国青年政治学院学报，1996（2）.

[141] 金景芳. 井田制的发生和发展[J]. 历史研究，1965（4）.

[142] 康琼. 儒家生态传统与传统的超越[J]. 求索，2007（12）.

[143] 赖功欧. 儒家生态理念的思维取向[J]. 鄱阳湖学刊，2009（2）.

[144] 李畅友. 儒家生态环保意识的启示——兼谈对现代生态的忧思[J]. 孔子研究，第15辑. 云南孔子学术研究会第十五次暨海峡两岸第八次孔子学术研讨会论文集.

[145] 李承贵. “生生”：儒家思想的内在维

度［J］. 学术研究，2012（5）.

［146］李存山. 析“天人合一”［J］. 传统文化与现代化，1994（4）.

［147］李飞，严耕 . 《左传》生态环境思想解读［J］. 安徽农业科学，2010，38（2）.

［148］李晓虹. 传统儒学精神与环境伦理学［J］. 中州学刊，2001（6）.

［149］刘海龙. 儒家生态思想及其现实意义［J］. 江西社会科学，2008（2）.

［150］刘厚琴. 儒学与汉代生态环境保护［J］. 齐鲁学刊，1999（3）.

［151］刘厚琴. 先秦儒家的生态农学观［J］. 唐都学刊，2003（3）.

［152］刘家和 . 《春秋》三传的灾异观［J］. 史学史研究，1990（2）.

［153］刘绍义. 水流成患自成“灾”［J］. 水利天地，2014（8）.

［154］刘玉明. 儒家生态观与社会的和谐［J］. 管子学刊，2007（2）.

［155］吕洪涛. 儒家“天人合一”的生态伦理观的价值及其现实启示［J］. 江西农业大学学报（社会

科学版），2004，3（3）.

［156］罗德尼·L. 泰勒. 民胞物与—儒家生态学的源和流［J］. 雷洪德，张珉，译. 岱宗学刊，2001（4）.

［157］罗顺元. 儒家生态思想的特点及价值［J］. 社会科学家，2009（5）.

［158］蒙培元. 从孔、孟的德性说看儒家的生态观［J］. 新视野，2000（1）.

［159］孟昭红，李学丽. 略论儒家伦理思想中的生态消极因素［J］. 哈尔滨工业大学学报（社会科学版），2004，6（6）.

［160］牟钟鉴. 生态哲学与儒家的天人之学［J］. 甘肃社会科学，1993（3）.

［161］牛庆燕. 一种生态觉悟：从自然之“附魅”“祛魅”到“返魅”［J］. 学术交流，2012（12）.

［162］欧阳志远. 中国传统生态文化及其现代意义［J］. 自然辩证法研究，1995，11（7）.

［163］庞朴. 五行阴阳探源［J］. 中国社会科学，1984（3）.

［164］乔清举. 儒家生态文化的思想与实践［J］. 孔子研究，2008（6）.

[165] 乔清举. 论儒家的祭祀文化及其生态意义[J]. 现代哲学，2012（4）.

[166] 乔清举. 论儒家自然哲学的“通”的思想及其生态意义[J]. 社会科学，2012（7）.

[167] 乔清举. 儒家的生态智慧[J]. 西子大讲堂，2012（11）.

[168] 邱耕田. 从绝对人类中心主义走向相对人类中心主义[J]. 自然辩证法研究，1997，13（1）.

[169] 任俊华. 孔子生态伦理思想发微[J]. 道德与文明，2003（6）.

[170] 任俊华. 孟子的生态思想管窥[J]. 齐鲁学刊，2003（4）.

[171] 任俊华. 论中国传统哲学的儒家生态和谐观[J]. 新视野，2005（6）.

[172] 任俊华. 论儒家生态伦理思想的现代价值[J]. 自然辩证法研究，2006，22（3）.

[173] 任秀芹. 儒家文化中的生态观对当代生态环境问题的启示[J]. 昆明大学学报（综合版），2002（1）.

[174] 鄯爱红. 儒家人物关系论与现代生态伦理[J]. 伦理学研究，2003（1）.

［175］鄯爱红，王志捷．简论儒家的环境伦理思想及其现实意义［J］．理论学刊，2000（3）．

［176］佘正荣．儒家生态伦理观及其现代出路［J］．中州学刊，2001（6）．

［177］孙利．儒家自然观中的生态意蕴［J］．中南民族大学学报（人文社会科学版），2002，22（4）．

［178］孙彦泉．儒家生态伦理思想的现代价值［J］．前沿，2002（2）．

［179］汤一介．儒家的“天人合一”观与当今的生态问题［A］//单纯．国际儒学研究．2005年国际儒学高峰论坛专集［C］．北京：九州出版社，2006.

［180］田海舰．先秦儒家生态伦理思想及其现代价值［J］．江西师范大学学报（哲学社会科学版），2005，38（6）．

［181］W·H·默迪．一种现代的人类中心主义［J］．哲学译丛，1999（2）．

［182］汪浩，靖国华．儒家生态伦理观及其价值的现代探析［J］．前沿，2005（5）．

［183］汪信砚．人类中心主义与当代的生态环境问题——也为人类中心主义辩护［J］．自然辩证法研究，1996（12）．

[184] 王春阳. 从《左传》“雩礼”看春秋时期的生态变化 [J]. 乐山师范学院学报，2004，19 (11).

[185] 王健崭，张锐. 浅析儒家生态伦理思想 [J]. 东南大学学报（哲学社会科学版），2001，3 (4A).

[186] 王杰. 中国文化的生态智慧及其当代启示——以儒家思想为例 [A] //滕文生. 儒学的当代使命——纪念孔子诞辰2560周年国际学术研讨会论文集 [C]. 北京：九州出版社，2010.

[187] 王正平. “天人合一”思想的现代生态伦理价值 [J]. 传统文化与现代化，1995 (3).

[188] 王正平. “天人谐调”中国传统生态伦理智慧 [J]. 自然辩证法研究，1995，11 (12).

[189] 王志捷. 儒家生态伦理的特色与合理性 [J]. 国际儒学研究，第13辑.

[190] 吴从祥. 何休灾异说浅议 [J]. 齐鲁文化研究，2007，总第六辑.

[191] 吴宁. 论“天人合一”的生态伦理意蕴及其得失 [J]. 自然辩证法研究，1999，15 (12).

[192] 吴全兰. 论儒家“天人合一”思想在解决人与自然矛盾中的意义和不足 [J]. 玉林师范学院学

报（哲学社会科学），2003，24（2）.

［193］吴仰湘．一部不为人知的《左传》杜解补正力作—皮锡瑞《左传浅说》学术成就评析［J］．中国哲学史，2011（4）.

［194］肖明，刘镇江，肖祥敏．儒家生态伦理思想与“两型”社会建设［J］．前沿，2009（4）.

［195］薛亚军．《左传》灾异预言略论（上）［J］．镇江师专学报（社会科学版），1997（1）.

［196］颜炳罡．儒家思想与当代环境意识［J］．社会科学，1995（10）.

［197］杨世宏．儒家生态伦理思想反思［J］．山东理工大学学报（社会科学版），2009，25（2）.

［198］杨明园．顺时、有度、和谐—儒家自然生态观对当代生态文明建设的启示意义［J］．枣庄学院学报，2008，25（6）.

［199］杨志明．评儒家文化拯救生态论［J］．云南大学人文社会科学学报，2001，27（3）.

［200］余谋昌．中国古代哲学的生态伦理价值［J］．中国哲学史，1996（1-2）.

［201］乐爱国．儒家生态思想初探［J］．自然辩证法研究，2003，19（12）.

[202] 臧知非. “初税亩”新探[J]. 学术界，1992(2).

[203] 张峰. 儒家“天人合一”思想及其对生态文化建设的意义[J]. 开放时代，1997(1).

[204] 张理海. 人类中心主义：一种哲学观念还是一种传统文化精神？——兼评我国学界关于人类中心主义的争论[J]. 自然辩证法研究，1996，12(9).

[205] 张松辉. “初税亩”不是一次土地改革[J]. 湖南师范大学学报(哲学社会科学版). 1985(6).

[206] 张学智. 从人生境界到生态意识—王阳明“良知上自然的条理”论析[J]. 天津社会科学，2004(6).

[207] 张永刚. 先秦儒家生态伦理情怀的现实观照[J]. 洛阳理工学院学报(社会科学版)，2008，23(1).

[208] 祝士明，曲铁华，袁媛. 儒家生态道德教育思想及其现代价值[J]. 道德与文明，2010(1).

[209] 朱松美. 先秦儒家生态伦理思想发微[J]. 山东社会科学，1998(6).

[210] 陈义军. 儒家生态伦理思想初探[J].

济源职业技术学院学报，2009，8（3）.

［211］赵媛，方浩范. 儒家生态伦理思想及其现代启示［J］. 前沿，2008（3）.

［212］钟文华. 生态哲学的历史探究及其当代意义［D］. 福州：福建师范大学马克思主义学院，2005.

［213］陈业新. 中国环境史中的儒家生态意识［N］. 中国社会科学报，2012-9-5（5）.

［214］乔清举. 儒家文化与生态文明［N］. 中华读书报，2006-4-5（4）.

索　引